신규교사필독서

별난 아이들과 함께하는 회복

김혜정 지음

교육과학사

차 례

Part 3. 선생님들만 아는 이야기 131

Part 4. 금쪽같은 가족과 선생님 이야기 209

프롤로그

새내기 선생님에게 예방 주사를

매년 2월이 되면 교대를 갓 졸업한 신규 선생님들이 초등학교 2급 정교사 발령장을 들고 근무할 학교로 들어온다. 4년간의 교육을 통해 선생님으로 자격을 부여받은 것이다.

교육의 출발점과 도착점, 교사가 학생을 보는 시선, 배움의 진정한 의미 등 4년간 갈고닦은 실력을 펼칠 무대가 눈앞에 곧 펼쳐질 것이다. 약간의 설레임과 조금의 두려움이 가슴을 콩닥이게 만든다. 그런데 이 꿈이 산산이 깨지는 시간은 그리 길지 않다. 요즘의 교대 입학생들은 교대를 들어가기 위해서 총 12년간 착실하게 열심히 공부를 한 모범생들이다.

일탈이란 걸 별로 해보지 못한 젊은 선생님들은 세상의 모든 학생이 다 좋은 학생일 거라고 생각한다. 학생은 자고로 선생님의 가르침에 눈을 반짝이며 자신의 꿈을 이루기 위해 노력하고자 하는 어린이일 거라고 생각한다. 그러나 25명이 넘는 개성이 뚜렷

한 아이들이 함께 숨 쉬는 교실은 가끔 길 잃은 정글 같을 때가 많다. 또래의 아이들은 존재감을 드러내기 위한 치열한 전투가 펼쳐지기도 하기 때문이다.

열심히 준비한 수업을 펼쳐보려고 하면 한 아이가 갑자기 이상한 말을 해서 선생님과 친구들의 주의를 흩어버린다.

어떤 아이는 공부 시간이건 쉬는 시간이건 따지지 않고 틈만 나면 자꾸 친구들 주변을 맴돌면서 친구의 우정을 갈구한다.

어떤 아이는 공부하는 게 싫어서 자꾸 운다.

어떤 아이는 누군가의 말이 시작되기가 무섭게 쉬지 않고 자기가 하고 싶은 말을 해댄다. 자신이 지금 끊임없이 말하고 있다는 사실을 인지하지도 못한다.

제멋대로 행동하는 것이 허용되었던 늦둥이 귀한 아들은 교실에서도 그 누구의 제지를 받으려 하지 않는다. 선생님이 하는 모든 지시를 공격으로 받아들인다.

어떤 아이는 아버지에게 맞은 경험을 살려 친구들을 무자비하게 때린다.

부유한 가정에서 자라서 부족함이 없어 보이는데 자꾸 친구들 물건을 훔친다.

어떤 아이는 친구들이 슬쩍 자기 몸을 스치기만 해도 때렸다고 선생님께 이르고 투정 부리고 떼를 쓴다.

틱 장애를 가진 아이는 수업 시간 내내 '꺽꺽, 딱딱' 소리를 쉼 없이 내기도 한다.

어떤 아이는 선생님께 대드는 것이 교실의 짱이 되는 거라고 생각하는지 계속 선생님과 아이들의 말꼬리를 잡아 수업을 방해한다.

새내기 선생님들은 처음 본 이런 환경에 충격을 받기도 한다. 새내기 선생님들이 학부모와 상담 중에 이런 일을 이야기하면 경력이 짧아서, 자녀가 없어서 아이들을 이해하지 못하기 때문이라며 오히려 선생님 탓으로 돌려버리기도 한다.

"다른 선생님은 괜찮은 것 같은데 왜 나는 이렇게 힘들까요?"

"내 능력이 너무 모자라는 게 아닐까요? 내가 선생님이 되는 게 괜찮은 걸까요?"

"다른 선생님이었으면 저 아이가 저렇게까지 어긋나지 않을 것 같아요."

"선생님, 저는 교사라는 진로에 대해 심각한 고민에 빠졌어요. 교사는 제게 적성에 맞지 않는 것 같아요."

"아이들을 관찰할수록 부정적인 것이 자꾸 보여요. 학급 경영이 이렇게 힘든지 몰랐어요."

가슴에 꼭꼭 담아둔 속앓이에 눈물샘이 터져 잠기질 않는다.

발령받은 지 1년 이내의 새내기 선생님은 교직을 떠나기도 하고 어떤 선생님은 몸과 마음이 아파 병가를 내기도 한다.

새내기 선생님들은 모른다. 수업을 방해하거나 친구를 괴롭히거나 큰 일탈을 벌이는 아이들이 늘 있다는 사실을, 모든 학급 모든 선생님들이 매일 고민하는 문제라는 걸 모른다. 새내기 선생님이 처음으로 겪는 일들이 혼자만 겪는 일이 아니라는 걸 모른다.

그래서 알려주고 싶었다. 선생님이 혼자가 아니라는 것과 새내기 선생님이 당면하고 있는 문제들은 선배 교사들이 겪었고 지금도 겪고 있는, 당연히 벌어질 수 있는 일이라는 사실이다. 해보니 세상에서 해볼 만한 일이 사람을 키우는 교사라는 것도 말해주고 싶었다.

"선생님, 학생 때문에 겪는 크고 작은 고민은 우리도 다 진행형으로 겪고 있는 일이랍니다. 염려 마세요. 모든 문제를 함께 풀어놓으면 해결의 문이 열린답니다. 우리 같이 끝까지 동행해보아요."

새내기 선생님들 귀에 속삭여주고 싶었다.

의사가 되기 위해서는 온갖 병증의 환자를 보아야 하는 것처럼 선생님이 되기 위해서는 온갖 학생들의 다양한 부적응 사례들을 이해해야 한다. 학교란 그렇게 다양한 일들이 벌어지는 곳이다. 기쁨과 슬픔, 행복과 불행, 보람과 허탈함이 공존하는 곳이다. 모두를 만날 수는 없으니 글로라도 들려주고 싶었다.

일종의 예방주사라고나 할까?

새로운 패러다임, 회복

질문하는 방법 하나만 바꾸었을 뿐인데 남 탓만 하던 아이가 친구가 화를 낸 문제의 지점을 콕 집어낸다. 자기가 왜 그런 행동을 했는지도 차분히 말로 표현한다. 그저 질문과 요약을 반복했을 뿐이다. 아이와 교사가 질문하고 아이가 대답하고, 다시 교사가 아이의 말을 되새김하는 과정을 지켜보던 아이의 어머니가 웃는다. 아이들의 신기한 삶을 객관적으로 바라보게 되었다. 알고 보니 내 아이가 피해자가 아니고 그 아이도 가해자는 아니었다고 말한다. 자기 아이도 아이 친구도 이해하고는 집에서도 잘 지도하겠다면서 밝은 얼굴로 교실을 나갔다.

'그렇지, 이런 게 교육이지. 갈등을 이해하고 화해하게 하는 회복적 대화!'

회복적 생활 교육을 공부하고 학생들에게 적용해보면서 매일 깨달아가고 있는 사실이 있다.

사람과의 관계가 엉켜버린 마음의 회복이 필요한 사람은 학생뿐만 아니라 교사를 포함한 우리 모두라는 사실이다.

한때 유행하는 말 중에 이런 말이 있었다. 대한민국에는 세 사람만 있으면 문제가 없어진다는 것이다. 이 세 명의 사람만 있으면 대한민국에서 발생하는 문제를 해결할 수 있다는 것이다. 이 세 분들의 공통점은 따뜻한 사람이며, 문제를 정확히 인식하고 문제를 회복시키는 사람들이라는 점이다. 그분들의 문제 해결 방법은 의외로 쉽고 단순했다.

마음을 회복시키는 오은영 선생님, 맛있는 음식을 쉽게 만들 수 있도록 해주는 음식 멘토 백종원 선생님, 반려견과 견주들의 행복을 책임지는 강형욱 선생님이 바로 그분들이다.

그분들은 문제의 원인을 이해하기 위한 깊은 관찰과 문제에 대한 깊은 공감을 하고, 서두르지 않으신다. 공감과 위로로 함께 살아가기 위한 변화의 문을 슬며시 열어준다. 그러면 삶이 회복되어 가는 것을 볼 수 있다.

그분들을 만나면 변화가 일어난다. 우리도 이제 상처 입은 천사들이 있는 학교 공동체가 더 행복해지는 길을 찾아보아야 한다.

개그우먼 김신영이 다이어트를 원하는 게스트들과 함께 엮어 가는 〈빼고파〉라는 프로그램이 있다. 평생 실패한 다이어터로서 살아온 나는 다른 사람의 다이어트 방법이 참 궁금했다.

김신영은 38kg을 감량하고 10년째 48kg을 유지하며 건강하게 지내고 있다고 했다.

그녀가 다이어트를 성공하게 된 원칙을 공개했다.

첫째, 좋아하는 음식을 갑자기 끊지 않았다.

둘째, 진짜 배고픔과 가짜 배고픔을 구별했다.

셋째, 물통을 가지고 다니면서 하루 2L의 물을 마셨다.

넷째, 8시 이후 금식

다섯째, 짬짬이 운동한다.

이 다이어트 원칙을 모르는 사람은 없을 것이다. 요즘은 유튜브라는 영상이 원하는 모든 것을 알려주는 세상이 되었다. 다이어트라는 단어를 검색하기만 하면 수백 가지 다이어트를 한 사람 이야기가 나온다. 그러나 다이어트에 성공했다는 사람을 찾아내기는 쉽지 않다.

대부분 요요현상으로 원상복귀했기 때문이다. 물론 나도 그중 하나이다. 절식과 운동을 하며 함께 살아가는 그녀들이 하루는 악플에 대해 이야기를 나누는 장면이 있었다.

이런 연예인들과 전혀 친분이 없는 익명의 사람들이 그녀들에게 악플을 꾸준히, 매우 꾸준히 달고 있다고 했다.

그 악플 덕분에 어떤 이는 살을 너무 심하게 빼서 건강이 나빠지기도 하고, 악플의 대상을 가족에게로 확대하는 것을 보고 가족들이 상처 받는 것 때문에 또 심한 마음고생을 하기도 했다고 한다. 그녀들 가운데 악플로 고통받지 않는 사람들은 한 명도 없었다.

사람들의 관심을 필요로 하는 직업인지라 타인과의 소통을 끊을 수도 없으니 이러지도 저러지도 못하는 상황에 처한 것 같았다.

강한 멘탈을 가진 듯 보였던 김신영 본인은 공황장애까지 있어 오늘도 여전히 약을 먹고 있다고 한다. 유명한 사람들은 많은 수가 공황장애를 앓고 있는 것 같다.

그래서 멘탈이 약한 나는 유명해지는 것에 두려움이 있다. 인터넷이 보급되기 시작하면서 얼굴이 알려진 연예인이나 그 외 유 · 무명의 사람들이 죽음으로까지 안내하는 악플에 시달리고 있다. 악플을 달고 있는 사람들은 어린 초등학생부터 멀쩡한 전문직에 종사하는 사람들까지 그 유형도 참 다양하다. 교육을 잘 받은 사람도 있고 교육을 받는 중인 아이들도 있다. 상대방을 조롱하고 비하하는 악플을 달면 정작 자기 자신은 행복해지는 걸까? 다른 사람의 불행이 내 행복을 보장해준다고 생각하는 것일까?

어디서부터 잘못된 것인지 고민해보면서 중국 춘추시대의 성인이었던 순자가 주장한 '인간은 악하게 태어난다.'라는 그의 주장에 위로를 받고 싶어진다.

옛 속담에 '사촌이 땅을 사면 배가 아프다'라는 말이 있다. 한국에만 이런 속담이 있는 줄 알았는데 이런 제목으로 나온 책도 있었다.

영국 철학자 피터 케이브가 〈사촌이 땅을 사면 배가 아픈 철학적 이유〉라는 제목으로 저술한 책이 있다. 가까운 사람이 잘되면 배가 아픈 것은 인류 공통의 현상인 것으로 보인다. 남의 불행을 보고 고소하다고 느끼는 심술궂은 마음은 우리가 인생이라는 불확실한 항해를 하기에 적당한 감정이라고 피터 케이브는 말한다.

모두가 평등하다고 느끼는 기쁨을 얻는 자연스러운 감정이라고 결론 아닌 결론이 지어진다.

사촌이 멀어진 현대에서는 가까운 사람이 유명한 사람 혹은 연예인으로 대체된 것 같다. 그렇다면 이젠 속담이 바뀌어야 한다.

'유명한 사람이 땅을 사면 배가 아프다.'

'연예인이 빌딩을 사면 배가 아프다.'

뉴스에는 서장훈이 빌딩을 40억에 샀는데 11년 만에 400억이 훌쩍 넘었다고 한다. 배가 아픈 사람이 꽤 생길 것 같다. 서장훈에게는 또 어떤 악플들이 달릴까?

교육이란, 교육을 실천하고 있는 학교란 사람이 사람답게 사는 법, 미성숙한 사람을 성숙한 사람으로 바꾸는 곳이고 교육을 받으면 그렇게 될 거라고 확신한다.

교직에 첫발을 디디는 교사들은 대부분 이런 다짐을 한다.

아이들이 어려울 때 곁에 있어 주는 교사, 아이들의 내면을 키워주는 교사, 아이들에게 존중받는 교사가 되겠다고…….

학교 현장은 새내기 교사들의 기대를 여지없이 무너뜨린다. 아이들 마음을 만져주거나 내면을 키우기 위한 활동 시간을 내는 것보다는 기타 업무를 처리하느라 정신을 차릴 수가 없다.

학생들 사이에서 벌어지는 당연한 갈등이 부모들의 갈등으로 확대되기도 한다. 그 갈등은 성난 파도가 되어 다시 아이들과 교사에게로 되돌아온다. 누가 가해자인가를 빨리 찾아내 그를 처벌하라고 다그친다. 교사들은 때로 그 파도에 아프기도 하고 정신을 잃기도 한다.

학년이 내려갈수록 아이들은 더 사람답고 더 순수하다. 이럴 땐 맹자의 성선설이 더 맞는 것 같기도 하다. 사람다움을 가르친다면 점점 더 사람다워져야 하는데 사람들은 왜 점점 더 나빠지는 것만 같은지 모르겠다. 그럴 때는 또 이런 말로 현실을 부정하기도 한다.

'이상과 현실이 같을 수는 없다.'

학년이 올라갈수록 통제할 수 없는 아이들의 수가 늘어난다. 그리고 통제할 수 없는 아이들의 학년이 점점 낮아지고 있다. 교육에 엄청난 세금을 투자하고 있는 대한민국의 현실이다.

교육은 허상인가? 교육에는 왕도가 없다지만 정말 길이 없는 것일까? 우리는 다시 길을 찾아야 한다. 영화 인터스텔라의 주인공이 그러했던 것처럼! 그리고 그 길 하나를 발견한 듯하다.

회복적 생활교육!

코로나로 달라진 학교 풍경들

대부분 짜증은 자신의 안전이 위협받을 때 생겨난다고 한다. 분노는 나의 소유와 권리를 빼앗겼을 때 생긴다고 한다. 교사인 나는 때로 학부모의 안전을 위협하지 않았음에도 짜증 섞인 말들을 듣고 해명해야 한다. 아이들의 권리도, 학부모의 권리도 빼앗은 적이 없는데 학부모들은 나를 향해 날 선 분노로 각을 세우기도 한다.

나는 어릴 때 네 꿈이 무엇이냐 물으면 언제나 선생님이라고 했다. 다른 친구들이 백의의 나이팅게일이 꿈이라고 하거나 때로 대통령이 꿈이라거나 판사가 꿈이라거나 포부를 늘어놓아도 나는 한결같이 선생님이 꿈이라고 하였다. 열심히 공부해서 교대를 들어갔고, 4년 후 발령을 받아 진짜 교사가 되었을 때 내 꿈이 이루어졌다고 생각했다.

약 10년 주기로 교직에 대한 회의로 진로에 대한 갈등을 겪었던 것 같고, 그때마다 꿈에 대한 결핍을 느껴야 했다. 때로 깊은 우울감에 빠지기도 했지만 한 발 한 발 걷다 보니 어느새 아이들과 함께한 시간이 30년을 넘겼다.

그 사이 세상은 참 많이도 변했다.

이 30여 년 사이에 국민학교는 초등학교로 변경이 되었다. 한 반에 50명 가까운 아이들이 가득 차 있었는데 현재 25명으로 줄었다. 65세 정년이 62세로 단축되었다.

그리고 코로나19라는 바이러스가 전 세계를 휘둘렀다. 사람과 사람이 접촉하면 안 되는 세상이 되었다. 영화 속 같은 세상을 사는 중이다.

등교 중지라는 최악의 사태로 학생들이 집에서 수업할 수 있도록 학습 꾸러미를 만들어 배달을 해야 했다. 출석 체크를 하기 위해 줌을 켜놓고 비대면으로 아이들 상태를 확인해야 했다.

EBS방송으로 수업을 하도록 지침이 내려왔다. 아이들은 저마다 마스크를 쓰고 선생님도 마스크를 쓰고 EBS방송을 함께 청취한다. 서로 말을 하면 안 되니까 그냥 보고 들으라고 한다.

쉬는 시간이 사라졌다.

화장실 사용을 원하는 학생은 조용히 손을 들고 말없이 다녀와야 했다.

우르르 몰려다니는 학교 풍경이 사라졌다. 등교한 후, 2교시가 끝난 후, 급식을 하러 갈 때, 그리고 하교시간이 되면 체온을 재고 손을 소독한다.

아침마다 걱정에 싸인 학부모 전화를 받아야 한다.

"선생님, 우리 애가 열이 나는 것 같아요. 학교에 가도 될까요?"

"선생님, 큰애가 코로나 확진 판정을 받아서 온 가족이 격리해야 한대요. 민정이도 격리하느라 등교할 수 없대요. 죄송합니다. 선생님."

"선생님, 걱정이 되어서 애를 등교시킬 수 없어요. 당분간 가정학습 하겠습니다."

등교나 하교도 선생님과 함께 한 줄로 서서 교문까지 걸어간다.

하루아침에 시끌벅적 생동감 넘치던 학교가 절간 같은 낯선 학교 풍경이 되었다.

아이들도 선생님도 거리 유지를 해야 한다. 아이들 손을 잡을 수도 없고 어깨를 두드려 줄 수도 없고 품에 안고 다독다독할 수도 없다. 아무도 겪어보지 못한 일이라 매뉴얼대로 실시해야 한다. 학교는 아이들이 하나하나 떨어져 과제 수행을 하는 섬들이 되었다.

사람이든 사물이든 서로 연결이 되면 안 된다고 하면서 아이들 책상들을 띄엄띄엄 떨어뜨려 놓았다. 마스크를 쓴 아이들이 말도 없이 앉아있다 가버린다. 마스크를 내린 친구를 보면 모두가 손가락질을 한다.

"선생님, 선우가 마스크를 내렸어요."

"선우야 마스크 올려, 코가 보이면 안 돼. 빨리 똑바로 써!"

그러면서도 아이들은 쉬는 시간이 되면 화장실로 가서 한 칸에 두세 명씩 들어가 있다. 교실에서는 뚝뚝 떨어져있지만 보고 싶은 친구, 함께하고 싶은 친구는 그렇게라도 가까이 있고 싶은 모양이다.

마스크는 이제 일상이 되었다. 학교라는 거대 공동체는 마스크를 벗는 일이 일어나지 않을지도 모른다는 두려움도 있다. 아이들은 속삭이고 있고 무슨 말인지 알아들을 수가 없다. 수업을 하면서 자주 하는 말이 생겼다.

"얘들아, 선생님이 코로나 부작용이 생겼어. 마스크만 썼는데 요즘엔 귀가 잘 안 들려. 선생님을 위해 조금만 더 큰 소리로 발표해주면 좋겠다. 부탁한다."

위로와 회복을 위하여

2022년 코로나로 발이 묶인 지 벌써 3년이 되어간다. 오랜만에, 정말 오랜만에 오롯이 나를 위한 시간을 갖기로 했다. '현재 나의 주된 삶에서 가장 먼 곳으로 떠나보자.' 생각만 하다 찾은 곳이 제주도였다. 코로나 때문에 그 많던 관광객이 별로 없었다. 어디를 가도 한산했다.

그 모습이 하도 많이 변해서 새롭기도 하고 신박하기도 하면서 동시에 20년 전 투박했던 옛 모습이 그립기도 했다. 풍차, 일명 풍력 발전기가 정말 많은 신창 해변도로를 달렸다.

바람에 잠시 세운 차가 좌우로 흔들거린다. 어마어마한 바람과 휘몰아치는 파도지만 차 안에서 보는 성난 파도는 세상에서 가장 보기 좋은 멋진 경관 중 하나이다. 자연의 휘몰아침에 취해 가만히 서서 멍하니 바라본다. 늘 보던 바다가 아니다. 거친 파도로 생긴 흰 거품과 검디검은 현무암의 조화는 아름다웠다.

파도가 잘 보이는 명당을 찾아 오고 가기를 여러 번, 결국 찾았다. 파도가 가장 센 곳을~.

파도멍을 하다 바람멍을 하다 흔들리는 나뭇가지에 정신을 빼앗기기도 한다. 잠시지만 전혀 다른 세상에 여행을 온 듯 가슴이 시린 행복감이 몰려온다.

"이 정도 파도는 파도도 아니죠. 이 정도는 평상시예요. 진짜 성난 파도는 매일 보는 저도 두려워져요."

이 파도와 바람과 매일 맞서 살고 있다는 예쁜 언니가 짧은 미소로 대꾸해준다. 잠시 바람에 맞아보는 것만으로도 머리가 흔들린다. 창 안에서 보는 성난 파도는 아무리 날뛰어도 그저 아름답기만 하다. 유리문 안에서 보던 아름다운 파도가 유리문을 여는 순간 온몸이 휘청이도록 몰려든다. 하염없이 바라볼 수 있는 폭풍우 속 파도가 아닌 눈앞에 다가와 온몸을 때리는 날 선 바람은 몸무게가 꽤나 묵직한 나도 받아치기가 힘들다.

쉼 없이 검은 바위를 때리며 거품을 일으키는 파도를 보며 떠올리고 싶지 않았던 일상이 떠오른다. 바위 같은 교사를 향해 시퍼런 욕을 하고 책상을 발로 걷어차며 교실을 공포로 몰아넣었던 결코 작지 않은 아이의 파도도 떠오른다. 슬퍼하거나 화를 내거나 아프다고 하는 아이들에게 누구나 겪어야 하는 일이라며 무심히 지나쳤던 일들도 떠오른다.

자기의 감정을 제대로 이해하지 못한 아이들이 그 모든 감정을 분노로 짜증으로 내뿜었을 수도 있었지만 그걸 보지 못한 내 모습도 떠올랐다. 부모의 학대로 삶의 의미를 잃어버린 채 고장 난 시계처럼 일상을 이어가는 아이를 보며 무력해했던 모습도 스쳐 지나간다. 수업을 시작하기 전 '100명의 위인'이란 노래를 함께 부르고 나서 질문을 했다.

"얘들아, 사실 이 노래에는 100명이 아니라 99명의 위인만 있단다. 나머지 한 명은 누구일까?"

아이들은 유명한 사람들 이름을 한 명씩 외치고 있었는데 그때 한 아이의 소리가 들려왔다.

"우리, 바로 우리야."

그 아이에게 엄지 척을 해주었다.

"맞아, 바로 너희들이야. 너희가 바로 미래의 영웅이야."

그렇다. 나는 누군지 모를 영웅을 키워내고 있는 중이었다.

검은 바위를 때리는 파도를 보며 나는 또 다짐이라는 걸 해본다.

삶이 힘들다고 말도 하지 못하는 아이들에게 화이팅하자고 하지 말자, 힘들다고 소리치는 아이에게 조용히 하라고 말하지 말자. 남의 것으로 자신을 채우려는 아이에게 헛헛함이 무엇인지 물어보자. 눈높이도 맞추고 귀높이도 맞추고 입술을 바라보자.

말로만 하지 않는 선생님이 되고 싶다. 손을 잡아 주는 선생님으로 살고 싶다. 조각 담요를 넌지시 건네는 선생님으로 살고 싶다. 따뜻한 물 한잔 따라주는 주전자를 가진 선생님으로 살고 싶다. 그래야겠다.

온몸을 솟구쳐 검은 바위를 세차게 때리는 광풍 같은 파도는 그 변화무쌍함으로 내 안에 다른 나를 떠오르게 한다.

2022 대한민국 학교의 현주소

2022년 요즘 뉴스를 보면 학교폭력이라 부르는 폭력의 수위가 충격적일 뿐만 아니라 그 형태도 다양해지고 있다. 이를 해결하기 위한 여러 가지 대책들이 발표되고는 있지만 효과가 있는지 장담할 수 없는 상황이다.

교육부 통계를 살펴보면 소년 범죄는 줄어든 반면 소년 범죄 중 강력범죄는 늘어나고 있는 추세이며 이러한 분위기로 인해 사회와 여론은 소년 범죄에 대한 강력한 처벌을 요구하고 있는 상황이다. 연일 신문에는 초등학생들의 일탈 행동이 우리를 경악하게 하고 있다.

4일 경기교사노조에 따르면 경기도 수원의 한 초등학교 6학년 A 군은 지난달 30일 담임교사 B 씨 등 2명에게 욕설을 하고 흉기로 위협했다.

최근 이 학교에 전학을 온 것으로 알려진 A 군은 학교 복도에서 동급생과 몸싸움을 벌였다. 이를 본 담임교사 B 씨가 A 군을 타이르고자 연구실로 불렀으나 흥분을 가라앉히지 못한 A 군은 연구실 서랍을 뒤져 목공용 양날톱을 꺼내 B 씨를 위협한 것으로 전해졌다.

위험한 상황에 다른 반 교사 C 씨까지 나서 A 군을 말리며 보다 안전한 장소인 회의실로 데려갔으나, 이곳에서도 회의실 책상 유리를 손으로 내리쳐 깨뜨리는 등 난동을 피운 것으로 알려졌다.

B 씨와 C 씨는 경기교사노조에 도움을 요청하고, 학교 측에도 교권침해 사실을 알렸다. A 군에게 흉기 위협을 당한 B 씨는 사건 다음 날부터 휴가를 낸 상태이다.

학교 측은 오는 6일 교권보호위원회를 열고 A 군에 대한 처분과 교사 보호조치 등을 결정하기로 했다. 교권침해 사실이 인정되면 A 군은 강제전학, 학급교체, 출석정지, 특별교육 이수 등의 처분을 받게 된다.

이예솔 인턴기자(중앙일보. 2022. 7. 5.)

또 한 사례는 전북 익산의 한 초등학교에서 발생한 일이다.

5학년 A 군은 5일 전 인근의 초등학교에서 강제전학을 왔다. 이 학생은 이미 난폭한 품행으로 인해 다른 초등학교에서도 여러 차례 학폭위원회에 회부되어 강제 전학을 다닌 전력이 있는 학생이었다. 강제 전학된 후 등교 5일 만에 같은 반 학생에게 날아차기를 했다. 이를 말리는 담임교사에게는 “때리지도 못하면서 기강 잡고 **랄이야” 등 입에 담기 힘든 욕설을 했다. A 군은 강제 전학이라는 처벌의 과정을 겪으면서 오히려 분노와 처벌의 무력함을 경험했는지도 모른다. A 군은 중재를 하려던 교장에게도 욕설을 퍼붓고 자신을 쳐다봤다는 이유로 여학생을 공격했다. 신고를 받고 출동한 경찰이 제지하자 “아동 학대”라며 경찰관을 신고하기도 했다.

몇 해 전에 갓 초등학교에 입학한 1학년 아이들이 학교폭력을 저질렀다며 신고가 들어온 사례가 있었다. 네 명의 남학생이 같은 반 남학생 한 명을 돌아가며 때린 사건이었다. 한 명의 남학생이 주동이 되었고 세 명의 남학생이 때리는 역할을 한 모양이다.

그 아이들이 교무실에 불려와 교무실 소파에 나란히 앉아서 이런 대화를 주고받고 있었다.

“우리 경찰서에 잡혀가는 거야?”

교무실에 앉아있는 것이 무서웠던 아이가 대장처럼 보이는 아이에게 물었다.

“아니야, 우리는 나이가 어려서 잡혀가지 않아. 대신 엄마 아빠가 잡혀가.”

“아, 그렇구나.”

학폭위원회, 강제 전학 등은 촉법소년으로 분류되는 이 아이들에게 정의로운 해결은커녕 오히려 학생인권에 저촉된다며 재심 및 징계불복 등의 소송이 늘어나고 있는 추세이다. 이런 실태를 고발한 영화가 있다. 바로 〈니부모얼굴이보고싶다〉이다.

즉 제3자에 의한 처벌로는 학교폭력이 발생하는 것을 예방하지도 조정하지도 못하고 있는 것이 현실이다.

교육부 2021년 1차 학교폭력 실태조사 결과 발표에 따르면 피해유형별 비중은 언어폭력(41.7%), 집단따돌림(14.5%), 신체폭력(12.4%), 사이버폭력(9.8%) 등의 순이며, '언어폭력'은 초등학교에서, '사이버폭력'은 중학교에서 응답 비중이 가장 높은 것으로 나타났다. 2020년에 비해 신체폭력 건수가 늘어난 것을 볼 수 있다.

【 피해유형별 응답률 】

구분*	2013년 1차	2014년 1차	2015년 1차	2016년 1차	2017년 1차	2018년 1차	2019년 1차	2020년	2021년 1차	증감 (%p)
언어폭력(%)	34.0	34.6	33.3	34.0	34.1	34.7	35.6	33.5	41.7	8.2
집단 따돌림(%)	16.6	17.0	17.3	18.3	16.6	17.2	23.2	26.0	14.5	△ 11.5
스토킹(%)	9.2	11.1	12.7	10.9	12.3	11.8	8.7	6.7	6.2	△ 0.5
신체폭력(%)	11.7	11.5	11.9	12.1	11.7	10.0	8.6	7.9	12.4	4.5
사이버폭력(%)	9.1	9.3	9.2	9.1	9.8	10.8	8.9	12.3	9.8	△2.5
금품갈취(%)	10.0	8.0	7.2	6.8	6.4	6.4	6.3	5.4	5.8	0.4
성폭력(%)	3.3	3.8	4.2	4.5	5.1	5.2	3.9	3.7	4.1	0.4
강요(%)	6.1	4.7	4.2	4.3	4.0	3.9	4.9	4.4	5.4	1.0

* 피해유형별 중복응답 가능(중복응답 건수 포함) 교육부 2021. 9. 1.

Part 1. 교실의 회복을 위한 길 찾기

정의로운 해결이란

정의의 사전적 의미는 '사회나 공동체를 위한 옳고 바른 도리'이다. 우리는 끊임없이 정의에 대해 생각하고 과연 정의로움이 실현되고는 있는지 묻기도 한다. 사람들은 모두 정의로운 해결이 실현되는 정의로운 세상에서 살고 싶어 한다.

『정의란 무엇인가』라는 책을 쓴 세계적인 석학 하버드대 마이클 샌델 교수의 책을 보면 세상에서 가장 어려운 것이 정의인가 싶기도 하다. 만약 정의로움을 너무 쉽게 이해하고 정리할 수 있다면 그 책이 세계적인 베스트셀러가 되지 않았을지도 모르겠다.

정의는 관점에 따라 상황에 따라 달라지기도 하는 액체괴물처럼 보이기도 한다.

옳고 바르다는 의미가 개인적으로 약간의 차이가 있기는 하겠지만 통상적으로 정의는 좋은 것이라는 생각을 가지고 있다. 현재 우리에게 정의로운 해결이란 이런 것이다.

학교에서는 학폭위원회를 거치면서 가해자에게 사과시키고 그에 상응하는 벌을 내린다. 경찰서에서는 법과 원칙에 따라 처벌이 내려진다.

아이들에게 정의로움이라는 개념이 정립되는 데 많은 영향을 끼치는 장소는 아마도 가정과 학교가 아닐까 생각한다. 태어날 때부터 피해자이거나 가해자로 태어난 사람은 없을 것이다.

정의롭지 않은 사람이 되라고 가르치는 교사나 부모도 없을 것이다.

현재의 법체계에서는 어떤 문제가 발생하든 해악을 입힌 가해자를 처벌하는 것으로 모든 사건은 종결되도록 되어있다. 사건의 발생은 수많은 가해자와 피해자를 낳는다.

사건에 대한 해결 과정에서 학생들이 어떤 과정을 거치느냐에 따라 사건은 악순환이 될 수도 있고 회복될 수도 있는 것이다.

사건이 발생했을 때 거기에 엮인 학생들의 필요와 욕구를 채우기 위한 회복적 방향으로 갈 것인지 가해자를 응징하는 처벌의 방향으로 갈 것인지 선택해야 한다.

가해자를 응징하는 것으로 사건을 종결하는 것이 과연 정의를 실현하는 것이라고 단정할 수 있을까?

아이들은 문제와 함께 성장한다. 피해를 입기도 하고 가해를 하기도 하고, 또 이런 상황이 뒤바뀌기도 한다.

교사들이 사회적 법체계를 뛰어넘을 수는 없다. 그러나 아이들의 삶을 회복시키기 위해서 어떻게 정의로움을 실현해나갈지는 고민해보아야 한다. 그 작은 실천이 교실에서부터 시작되어야 하지 않을까 생각한다. 교사는 아이들에게 생각보다 많은 영향력을 가진 사람이기 때문이다.

정의의 유형 이해

응보적 정의의 이해

응보적 정의란 상식적 정의를 말한다. 하면 되는 것과 하면 안 되는 것이 정해져 있어서 이것을 어겼을 경우에는 대가로서 처벌이 주어지는 정의이다. 피해자의 피해와 가해자의 처벌이 서로 균형을 이루어야 한다는 정의이다. 피해자의 고통의 무게만큼 가해자의 형량을 높이는 방법이다. 피해자의 피해를 측정해야 하는 단계를 거치게 되고 그 양에 합당한 응징을 위한 고민을 하게 된다.

이렇게 되면 피해자의 피해정도와 가해자의 처벌량이 중심이 되고 피해자의 피해와 필요와 욕구는 외면되는 상황이 발생한다.

가해자와 피해자의 요구보다는 제3자들에 의해 둘 다에게 만족스럽지 않은 종결이 이루어진다.

그들은 선생님, 관리자, 경찰관, 학폭위원들이 되기도 한다.

이러한 방법은 처벌을 하기 위해 피해자의 피해 정도를 측정한 후 가해자에게 어느 정도의 벌이 적당할지를 고민해야 한다. 이 과정에서 피해자의 피해가 소외되고 가해자의 처벌이 중심에 서게 된다. 원칙과 규범이 주인공이 되어 피해자와 가해자의 필요와 욕구는 외면되는 상황이 발생한다.

외부인들에 의한 처리과정은 공동체의 단절과 혐오가 일어나기도 한다.

가해자가 누구인가?

가해의 질과 양은 어떠한가?

어떻게 하면 가장 강력한 처벌이 될 것인가?

단호하고 강력한 처벌로 평화로운 교실이 이루어질 것인가?

현재의 학교 상황을 보면 이해하기가 쉽다. 단호하고 엄격한 선생님이 지도하는 교실과 허용적이며 부드러운 선생님이 지도하는 교실의 차이를 보면 금방 알 수 있다.

엄격한 담임 선생님의 통제를 받던 아이들은 담임 선생님의 통제에는 잘 반응하지만 그 외의 선생님들을 더 힘들게 하는 경우가 훨씬 많다.

무서운 아버지의 통제를 받던 아이들이 통제가 적은 교실에서는 친구에게 가해하는 사례도 자주 볼 수 있다.

친구들에게 폭력적인 피해를 입힌 아이들이 응보적 처벌을 받고 그 강도가 더 높아지는 경우는 학교 현장에서 얼마든지 볼 수 있다. 응보적 정의에 입각한 처벌로 평화로운 교실공동체는 이루어지기가 어려운 것이 현실이다.

회복적 정의의 이해

아이들은 때로 학교에서 길을 잃기도 한다. 길을 잃은 아이의 뒤를 따라가다 보면 교사도 길을 잃을 때가 있다. 그럴 땐 길을 돌이켜 출발점으로 돌아와야 한다. 그리고 새로운 지도를 손에 쥐어야 한다.

회복의 의미는 원래의 좋은 상태로 되돌리는 것을 의미한다. 잘못된 행위로 인해 발생한 피해를 배상하고 치유하는 것이다. 행위의 가해를 측정하기보다는 피해에 따른 상처를 치유하는 것이다.

피해자의 피해를 회복하기 위해 자발적으로 책임을 지는 환경을 만들고 구성원 모두가 참여하여 그 과정을 함께 엮어가는 것이다.

회복적 정의에서는 피해와 치유에 초점을 맞춘다.

피해자는 누구인가?

피해의 양과 질은 어떠한가?

피해의 회복을 위해 우리는 어떻게 할 것인가?

「회복적 생활교육 학급 운영 가이드북」에 따르면 그 과정은 다음과 같이 진행된다.

첫째, 직면하는 것이다.

사건과 사실관계, 당사자들의 만남을 통해 문제의 본질을 제대로 파악하는 출발점 단계이다.

둘째, 공감이 이루어지는 단계이다.

피해에 대해 당당히 말할 수 있는 안전한 공간이 이루어지면 그것을 토대로 가해자는 자신의 행위를 돌아볼 수 있는 상황에 이르고 피해자의 마음을 느끼게 될 것이다.

셋째, 자신의 행위를 인정하는 단계이다.

비난과 질책이 아니라 존중이 형성된 공간에서 피해자의 고통의 무게만큼 가해자가 고통을 경험하는 단계이다.

넷째, 수용의 단계이다.

비난이 아닌 존중을 통해 수치심이 아니라 자발적 책임을 지려는 선택이 가능해지는 과정이다. 변명이나 회피가 아니라 상대방의 피해에 책임 있는 선택을 할 수 있게 된다.

다섯째, 자발적 책임을 실행하는 참여의 단계이다.

피해자의 회복을 위해, 피해를 최소화하기 위해 어떻게 하는 것이 좋을지 선택하고 실천할 수 있다.

여섯째, 용서를 선택하는 단계이다.

피해에 대해 공감하고 책임지려는 자세를 갖게 된 가해자를 용서할 마음을 가질 수도 있게 된다.

일곱째, 화해의 단계로 마무리된다.

이렇게 화해가 되면 똑같은 사건이 되풀이되지 않으며 평화로운 공동체로의 진전을 꿈꿀 수 있게 될 것이다.

회복적 생활 교육

회복적 생활교육이란 회복적 정의를 토대로 생활교육의 방향을 이끌어내는 것이다. 억압과 통제, 처벌이 아니라 공감과 존중으로 자발적 책임을 지게 하여 용서와 화해, 협력의 삶으로 도약하게 하는 것이다.

회복적 생활교육은 교실공동체가 안전하고 평화로운 공간이 되도록 교사와 아이들이 함께 만들어 가는 교육이다.

그래서 교사는 회복적 질문을 통해 문제 해결의 길을 찾아주는 안내자가 되어야 한다.

「회복적 생활교육 학급 운영 가이드북」에서는 교사의 역할을 이렇게 정의한다.

첫째, 교사의 말을 따르게 하기보다는 학생들의 필요를 질문하는 교사이다.

둘째, 한 명의 학생이 아니라 모두에게 안전한 공간이며 배움의 공간을 만들기 위해 노력한다.

셋째, 정답을 가르치는 것이 아니라 스스로 답을 찾아가는 과정을 배우게 한다.

넷째, 협력하는 학습 장면을 통해 협력하는 리더십을 갖게 한다.

다섯째, 갈등을 배움의 장면으로 전환시켜 성장의 기회로 만들어준다.

아이들의 잘못된 행동을 바로잡되 가해자를 나무라는 방식이 아니라 피해 상황을 돌아보고 원래대로 돌려놓는, 책임지는 법을 가르치는 것이다.

회복적 질문하기

"누구야? 지금 떠든 사람 나와."

"친구랑 싸움 잘하는게 자랑이야?"

"대한이, 너! 오늘 쉬는 시간 없다. 벌점이야."

"오늘 늦게 들어온 사람들은 남아서 청소해!"

"넌 대체 뭐하는 놈이야?"

"누구한테 배운 버릇이야? 예의도 모르니?"

"정말 혼나고 싶어? 혼나야 정신을 차리지?"

비난과 책망, 강압적 지시로 들려지는 이런 말을 들었을 때 자신을 돌아보며 바른 행동으로 수정해보겠다는 생각을 하는 아이들은 없을 것이다. 아이들은 때로 분명한 잘못을 지적해도 억울해하는 경우가 훨씬 많았다.

억울함과 수치심은 아이들의 자존심에 상처를 내게 되고 그 결과 다른 문제 행동을 야기하기도 한다.

법정에 선 죄수들조차 그들의 범법 내용에 따라 유죄를 선고하거나 비난하게 되면 격렬히 저항하는 것을 볼 수 있다.

"지금은 수업 시간이니까 조용히 했으면 좋겠다."

"수업 시간이 늦어지면 어떤 일이 생길지 생각해볼래?"

"친구와 화해하기 위해 어떻게 하면 좋을까?"

"무슨 일이 있었어?"

"누가 가장 힘들어할까?"

등으로 질문을 고쳐보아야 한다.

「회복적 생활교육 학급 운영 가이드북」에 따르면 교사는 질문의 관점을 다음과 같이 바꾸어야 한다고 설명한다.

첫째, 옳고 그름을 판단하려고 의도하지 않는다. 상황을 이해하기 위해 담담하게 질문한다.

둘째, 처벌의 단계를 결정하기 위함이 아니라 행동의 영향을 파악하기 위한 질문이다.

셋째, 과거의 문제로 시작해 더 나은 미래를 위한 긍정적 탐색을 하게 하는 질문이다.

넷째, 피해자에 대한 공감이 일어나게 하고 스스로 책임질 수 있도록 돕는 질문이다.

다섯째, 행위의 맥락을 이해하기 위한 질문으로 상대방이 이야기를 들을 수 있도록 한다.

여섯째, 기본적으로 객관적이고 존중하는 태도로 질문한다.

학급 약속 만들기

평화로운 교실공동체가 되려면 학생과 교사, 학생과 학생 간에 신뢰가 바탕이 되어야 한다. 신뢰할 수 있는 관계라야 마음을 열기도 하고 오해가 쌓이지 않기도 한다. 신학기가 되면 대부분의 학급에서는 관계 형성이 덜 되어있는 상태에서 학급 규칙을 만들게 된다. 그러나 관계망이 완성되지 않은 상태에서 만든 규칙은 모두에게 의미 있는 문제해결책이 되지 않기도 한다.

신뢰를 기반으로 한 관계 형성이 이루어지면 교실이라는 공간은 안전한 장소가 된다.

안전한 공간이란 서로를 존중하는 공간이기도 하다. 서로를 존중하는 것 또한 약속하고 연습하는 과정을 통해 아이들의 삶에 익숙하게 자리 잡게 될 것이다. 서로 존중하는 공간, 안전한 교실을 만들기 위해서는 존중함의 의미를 이해해야 한다. 그리고 무엇을 어떻게 존중할 것인지도 생각해 보아야 한다. 그 후 함께 존중하는 방법을 찾아내고 약속을 통해 실천으로 나아가는 것이다.

학생들과 함께 다음과 같은 존중의 마음을 담은 약속을 만들어 내어야 한다.

〈선생님이 학생에게〉

선생님은 학생의 말을 경청하겠습니다.

선생님은 학생에게 친절하게 말하겠습니다.

선생님은 학생의 어려움을 돕겠습니다.

선생님은 학생의 마음을 잘 이해하려고 노력하겠습니다.

〈학생이 선생님에게〉

학생은 선생님의 말을 경청하겠습니다.

학생은 선생님을 응원하겠습니다.

학생은 선생님에게 감사하겠습니다.

학생은 선생님의 생각을 존중하겠습니다.

〈학생이 학생에게〉

친구의 말을 경청하겠습니다.

친구에게 괜찮아라고 말해주겠습니다.

우리는 서로 도와주겠습니다.

친구를 배려하는 친철한 사람이 되겠습니다.

고자질하는 친구가 되지 않겠습니다.

〈우리가 교실에게〉

교실에 있는 물건을 소중하게 다루겠습니다.

쓰레기를 함부로 버리지 않겠습니다.

교실에 있는 물건들을 소중히 쓰겠습니다.

아이들과 함께 존중의 약속을 만드는 과정을 함께 공유하는 것은 매우 의미있는 일이다. 약속의 갯수는 각 단계별로 2개를 넘지 않도록 한다. 너무 많은 약속은 지켜지기가 어려울 수도 있기 때문이다.

1. 존중의 의미를 찾아보고 발표한다.
2. 존중의 약속이 필요한 이유를 토의한다.
3. 존중의 약속, 4단계를 제시한다.
   선생님이 학생에게
   학생이 선생님에게
   학생이 학생에게
   선생님과 학생 모두가 교실에게
4. 각 단계별로 모둠(4인)에서 존중의 약속을 1인 1개씩 만든다.
5. 모둠에서 토의를 거쳐 하나를 선택한다.
6. 모둠에서 선택된 약속을 칠판에 게시한다.
7. 게시된 약속을 함께 읽어보며 겹치는 것이 있는지 확인 후 정리한다.
8. 정리된 존중의 약속을 교실에 게시하고 월 1회 정도 확인 및 수정의 기회를 제공한다.

존중의 약속이 잘 지켜지지 않았을 때는 개인적으로 비판하는 것이 아니라 지켜지지 않는 이유를 생각해보고 잘 지킬 수 있는 방법을 찾아보도록 하는 것이 바람직하다.

존중의 약속을 정한 직후 2개월 정도는 주 1회, 일주일을 마무리하는 금요일쯤에 정기 점검을 하는 시간을 갖는 것이 좋다. 스스로 점검, 친구들과 함께 하는 점검을 통해 존중함이 습관이 된다면 행복한 공동체를 꿈꾸어도 괜찮을 것 같다.

학급에 꼭 필요한 문제해결서클

문제해결서클이란 공동체에서 문제가 발생했을 때 문제를 해결하기 위해 둘러앉은 모임이다. 둥글게 둘러앉은 서클은 가장 오래된 의사결정방법 중의 하나였다. 문제가 발생하면 문제로 인한 영향과 어려움을 모두가 공유하면서 문제를 해결할 수 있는 길을 찾는 것이다.

문제해결서클은 공동체 구성원의 책임과 협력을 촉진함으로써 민주시민역량을 키울 수 있다. 교실에서 발생하는 모든 문제에 대해 적용이 가능하며 문제를 공론화하여 집단 지성을 발휘할 수도 있는 서클이다.

피해자는 피해 사실을 이해받으며 공감받게 되어야 문제를 주체적으로 극복할 수 있게 된다. 피해를 끼친 아이도 자신이 끼친 피해의 영향에 대해 충분히 공감하여야 책임짐과 동시에 공동체 안에 들어올 수 있게 된다. 그렇게 문제해결서클이 운영되면 모두가 성장하는 배움의 장이 될 것이다.

이런 과정을 지켜본 아이들은 교실을 안정된 공간이라고 느끼게 될 것이고 안정된 소속감도 갖게 되어 평화로운 공동체로 발전하게 될 수 있다.

문제해결서클의 과정

「회복적 생활교육 학급 운영 가이드북」에서는 문제해결서클 과정을 준비하기, 서클 열기, 이야기 나누기, 마무리하기의 4단계로 안내하고 있다.

준비 단계에서는 누가 서클에 참여할 것인지, 문제해결 접근 방식이 괜찮은지를 살펴보아야 한다.

서클 열기에서는 피해와 영향, 피해 회복을 위해 책임져야 할 것들, 공동체가 해야 할 일들에 대한 토의가 이루어져야 한다.

영민이의 문제해결서클이 열렸다.

영민이는 ADHD 진단을 받았고 약간의 자폐 성향을 보이는 남자아이이다. 1학년에 입학했을 때부터 학교 부적응과 과잉행동으로 모든 교사와 친구들을 힘들게 했다.

학년이 올라갈수록 그 정도는 더 심해졌고 이젠 아무 때나 교실 밖이나 학교 밖으로 뛰쳐나가서 담임교사는 늘 불안에 시달려야 했다. 누구에게나 폭력과 폭언을 퍼부으면서 자신을 저지하려는 사람에 대해서는 극도의 공격성을 보였다.

친구를 때리려고 해서 선생님이 팔을 잡거나 신체를 구속하면 곧 112에 신고를 한다.

학교 밖으로 뛰쳐나가려고 해서 지킴이 선생님께 말씀드려 못 나가게 막아달라고 했더니 지킴이 선생님을 112에 신고했다.

힘이 부친 지킴이 선생님이 지나가던 남자 어른에게 도움을 요청했더니, 그 남자 어른을 112에 신고했다.

친구들과 집에 놀러 가겠다고 했는데 내일 오라고 했다고 엄마를 112에 신고했다.

아이들의 신고를 받고 학교에 온 경찰관 아저씨가 자신을 제어했다며 또 112에 신고했다.

영민이는 자신으로 인해 발생한 모든 상황을 '학교폭력'이라며 112에 신고한다.

우리 학교는 파도 소리와 솔바람 소리가 들리는 바닷가에 위치한 아름다운 학교이다.

꿈에 그리던 학교에 왔다는 설렘은 단 하루였고 매일매일을 영민이의 폭력적 행동과 사고가 날지도 모른다는 불안감으로 떨고 있다.

문제해결서클 준비단계

사전 모임으로 영민이로 인해 발생한 피해를 알아보았다. 학생들은 영민이의 돌발행동에 대한 두려움과 학습 분위기가 엉망이 되는 것에 대해 어려움을 호소하였다.

교과전담 선생님들은 수업 진행이 방해되는 것은 물론 교사의 자존감이 바닥을 쳤다고 한다.

영민이를 제외하고 친구들의 동의를 구한 후 문제해결서클을 진행하기로 하였다. 영민이를 제외한 이유는 자칫 영민이에게 비난의 자리가 될 수도 있고 집중력이 매우 낮아 진행에 어려움이 있을 것을 예상하기 때문이다.

본 서클 모임

여는 의식으로 모두 눈을 감고 우리에게 있었던 사건들을 떠올려보도록 하였다.

서클방식과 발표자가 되는 자격을 부여하는 토킹스틱을 소개하고 기본규칙을 안내하였다. 경청하기, 토킹스틱을 가진 사람만 말하기, 서클에서 있었던 이야기는 말하지 않고 비밀 지켜주기를 강조했다. 특히 이 서클모임이 영민이의 행동을 비난하기 위한 것이 아니라 영민이의 행동에 대한 생각을 솔직하고 담담하게 표현해보는 시간이라는 것도 부연 설명했다.

비난하는 것과 마음을 이야기하는 것은 다른 것이다. 이야기가 비난이나 지적질로 여겨지면 잠시 멈추고 다시 담담히 말하기를 반복했다.

서클의 순서대로 돌아가며 이야기를 했다.

사람이 아닌 문제에 초점을 맞춘 회복적 질문을 통해 아이들은 공감대를 찾아내기도 하고 이해의 언어를 다루며 위로의 장이 펼쳐지기도 하였다.

서클의 결과 할 수 있는 일을 몇 가지로 정리해보았다. 영민이에게 먼저 아는 척하기, 하루에 한 번 칭찬해주기, 영민이가 급발진할 때 한 발 물러서서 기다려주기를 하기로 했다. 창체 시간을 활용해 공동체를 위한 교실 놀이 시간을 최소한 일주일에 1회 이상 하기로 했다.

소감을 나누며 마무리를 할 때 한결 밝아진 아이들의 모습을 볼 수 있었다.

영민이와 우리 모두를 위해 할 수 있는 방법을 찾아 하나씩 해보면서 우리 스스로 대견함을 가졌다. 지나간 5년처럼 친구 문제를 무기력하게 지켜보는 것이 아니라 함께한다는 사실 하나만으로도 연대감이 형성되었다.

그 후

가장 큰 변화는 아이들과 선생님이 영민이를 이해하려는 마음을 갖게 되었다는 것이다. 영민이 어머니도 영민이의 진료 결과를 공유해주셨다. 영민이 어머니도 영민이만큼 공격적이셨던 것을 생각하면 대단한 진전이었다.

복도에서 지나가는 영민이에게 먼저 인사하고, 영민이를 위한 행동들을 스스로 찾아내기 시작했다. 영민이의 과잉행동이 사라지진 않았지만 조금씩 줄어들고 있다.

놀이를 하다가도 급발진을 하기는 하지만 이제는 당황하지 않고 상황을 종료할 수 있게 되었다. 학급 친구들이 교사를 돕기 시작했기 때문이다.

학급뿐 아니라 교장 선생님, 교무행정사님, 학교지킴이 선생님, 급식실의 모든 어머니 등 학교의 모든 관계자들이 영민이를 지원하는 시스템을 갖게 되었다.

여전히 영민이는 수업을 방해하고 학교를 뛰쳐나가지만 영민이를 바라보는 시선이 달라진 우리는 전보다는 조금 더 행복해졌다.

공동체로 가는 놀이

조선을 건국한 태조와 무학대사의 외모 비평 이야기는 사람들에게 자주 회자되는 이야기이다.

장난기가 발동한 태조는 무학대사를 보며 짓궂은 농을 던진다.

"당신은 어찌 그리 돼지같이 생겼소?"

태조의 비아냥에 무학대사는 태연하게 대답한다.

"전하께서는 어찌 그리 부처님같이 생기셨습니까?"

뜻밖의 답변에 당황한 태조에게 무학대사가 일갈을 날린다.

"돼지의 눈으로 보면 모든 것이 다 돼지 같아 보이고 부처의 눈으로 보면 다 부처같이 보이는 것입니다. 하하하."

태조와 무학대사의 이야기에서 볼 수 있듯이 상대방의 이미지는 고유한 것이 아니다. 상대방의 이미지에 내 생각을 덧씌워 나만의 이미지를 만들어가기 때문이다.

관계를 시작하기도 전에 생겨나는 왜곡된 이미지를 깨는 정확한 방법은 몸으로 서로를 함께 알아가는 것이다. 놀이의 사전적 의미는 여러 사람이 모여서 즐겁게 노는 일 또는 그런 활동을 말한다. 놀이는 일정한 규칙 또는 방법에 따라 노는 일이다. 즉 놀이는 규칙이 있는 즐거운 활동이다.

놀이를 할 때 아이들은 즐겁다. 학교에서 가장 인기가 많은 선생님은 체육선생님인 것만 봐도 아이들이 몸을 움직이는 놀이를 얼마나 좋아하는지 알 수 있다.

놀이는 창조의 영역이다. 자신도 모르는 마음을 마음껏 표출할 수 있고 생각하기 전에 이미 규칙을 만들어가고 있기도 하다. 사람과 사람의 마음을 열어주는 중요한 열쇠가 되기도 한다. 평화감수성을 높여주는 좋은 방법이기도 하다.

오늘날 대한민국의 아이들은 그 어느 때보다 놀이 시간이 적다. 부모님들은 아이들이 놀 시간에 다른 유익한 활동을 하는 게 더 낫다는 오해를 하고 있다. 놀이는 신체 발달, 정서 발달, 사회성 발달과 같은 발달 과정에 긍정적일 뿐만 아니라 신체 및 정신 건강, 창의성, 학업 성취도, 사회적 능력에도 큰 영향을 미친다.

놀이는 타인과 함께 삶에 참여하는 것이다. 놀이를 실컷 즐기지 못한 아이와 마음껏 놀아본 아이들의 정서는 많은 차이가 있다. 놀이를 한다는 것은 연대와 연결의 의미를 알아가는 것이라고도 볼 수 있다. 놀이는 협력과 공감이 펼쳐지는 장이 된다.

요즘의 아이들이 학교와 학원, 그리고 부모님에게 이끌려가는 체험학습과 같은 수동적 활동으로 진짜 놀이를 놓치고 있는 것이 학교폭력을 유발하고 있는지도 모른다.

다음과 같은 놀이를 하다 보면 친구의 따뜻한 체온을 느끼게 되고 눈빛을 이해하게 되고 마음이 연결되는 것을 알아채게 될 것이다.

〈알록달록 스티커〉

낯선 친구에 대한 거리감을 좁힐 수 있는 놀이이다. 학기 초에 하면 좋은 활동이다.

① 네 명씩 모둠을 만들고 색색깔의 둥근 스티커를 준비한다.

② 모둠별로 같은 색의 스티커를 1인당 다섯 개씩 나누어주고 손등에 붙인다.

A모둠은 빨간색, B모둠은 파란색, C모둠은 노란색 스티커를 붙여준다.

③ 색이 다른 스티커를 찾아 하이파이브를 한 뒤 가위바위보를 하고 이긴 사람은 진 사람에게 스티커를 주고 진 사람은 이긴 사람을 칭찬한다.

④ 손등에 색이 다른 스티커를 다섯 개 붙인 사람은 상을 받게 된다. 앞으로 나오도록 해서 칭찬과 상품을 주고 큰 박수를 쳐준다.

맨 처음 친구를 찾아갈 때 머뭇머뭇하던 아이들도 한 번만 해보면 다음엔 서로 다른 스티커를 찾아 교실을 헤매게 된다. 한 번의 놀이로 침묵과 어색함이 해결된다. 놀이의 순서에 약간의 변화만 주어도 해도해도 재미있는 놀이가 된다.

예를 들어 하이파이브를 외친 뒤 가벼운 포옹을 한 뒤에 가위바위보를 하게 한다든지, 칭찬을 하고 헤어질 때 주먹 인사를 한다든지 하여 신체 접촉의 기회를 많이 줄 수록 더 화기애애한 장면이 연출된다.

〈인간보물찾기〉

보물찾기의 사람 버전으로 아이들이 매우 좋아하는 놀이이다. 친구와 서로 탐색하는 과정을 통해 친밀감이 매우 높아지는 놀이이다.

① 여섯 명에서 여덟 명 정도로 구성된 모둠을 만든다.

② 각 모둠에 2배수의 작은 쪽지를 나누어준다.

③ 쪽지에 번호를 매긴 후 모둠원들의 옷 속이나 신발 등에 쪽지를 숨긴다.

④ 교사는 임의로 두 모둠씩 짝을 지어 주고 상대편 모둠원들이 숨긴 쪽지를 찾는다.

⑤ 찾은 종이에 써있는 숫자를 합산하여 승패를 결정한다. 보물을 찾는 시간은 1분 정도로 짧게 하고 몸을 터치할 수 있는 부분을 명확히 고지한다. 이 놀이의 목적이 보물을 찾는 것이 아니라 친구와의 재미있는 신체 접촉이므로 보물을 숨기는 위치를 팔이나 다리 등으로 제한해도 좋다.

〈자리 바꾸기〉

① 아이들 모두 의자를 들고 교실 가운데로 모여 의자를 둥근 서클 형태로 만든다.

② 자기 의자에 한 사람도 빠짐없이 앉은 후 새로운 이름을 짓는다. 과일이나 동물 3~4개를 정해 앉은 순서대로 이름을 정해준다.

③ 사자, 여우, 고래, 늘보, 사자, 여우, 고래, 늘보, 사자, 여우…와 같은 순서로 빠짐없이 이름을 정해준다.

④ 교사가 그중 하나의 이름을 부르면 그 이름을 가진 아이들이 재빨리 자리를 옮겨 앉는다. 제자리에 앉거나 자리에 앉지 못한 사람이 다음 술래가 된다.

⑤ 속도가 느리면 몸 부딪침이 적어지므로 빠른 속도로 놀이를 진행하는 것이 좋다.

어색했던 친구나 성별에 관계없이 옆에 앉게 되어 서로를 가깝게 만드는 시간이 되기도 한다. 수줍음이 많은 아이들이 자리를 찾게 하기 위해서 이름의 갯수를 3개 정도만 하는 것이 좋다. 이름이 많아지면 움직이는 아이들이 적어서 아예 자리에서 일어나지 않는 친구들도 있었다.

〈크게 외쳐라〉

모둠원끼리 서로 힘을 모아야 하는 놀이로 짧은 시간에 모둠원들이 화이팅을 할 수 있으며 이해하는 시간이 된다. 여기에 나오는 떡의 종류는 아이들이 아는 떡의 종류에 따라 달라질 수 있다. 매우 중요한 규칙을 고지해야 한다. 모둠별 대표가 나와서 놀이를 할 때 성공한 팀에게 50점을, 성공하지 못한 대표를 응원하고 격려할 때는 100점을 주는 등 성공이 아닌 모둠원의 화합에 초점을 두어야 한다.

① 모둠별로 마주 보며 합창하듯 '찹쌀떡, 가래떡, 떡볶이, 꿀

떡'을 한목소리로 외친다.

② 사회자의 신호에 따라 모둠별로 돌아가며 떡 구호를 외친다.

③ 구호를 외칠 때는 양손을 퍼덕이며 박자를 맞춘다.

④ 같은 구호에 떡이라는 말 대신 박수를 친다. 찹쌀(박수), 가래(박수), (박수)볶이, 꿀(박수)를 모둠별로 연습한다.

⑤ 모둠에서 가장 잘하는 친구를 뽑아 모둠별 대항을 한다.

⑥ 한 단어씩 릴레이로 구호를 외치는 모둠 대항을 하다 보면 모둠원들의 응원이 점점 가열되기도 한다. 떡이라고 말하거나 박수를 치지 못한 사람은 탈락자가 된다.

모둠별로 말로 하는 합창은 모둠원들을 하나로 모으는 활동으로 매우 좋다. 친구들의 실수에 공감하며 박장대소하는 장면은 열린 마음, 열린 공간이 되었음을 증명한다. 다른 떡이름은 마음대로 바뀔 수 있지만 떡볶이라는 단어는 바뀌지 않아야 재미있는 리듬이 완성된다.

〈마음을 담은 비행기〉

아이들은 아이엠그라운드 자기소개하기, 친구소개하기 같은 놀이를 참 좋아한다. 자신의 이름을 부르기도 좋아하고 친구가 불러주는 이름을 좋아한다. 일 년 동안 같은 교실에서 공부하고는 있지만 사실 한두 명을 제외하고 별로 친하지 않아 보인다. '아는 만큼 보인다.'라는 말처럼 친구도 알고 있는 만큼 이해할 수 있지 않을까?

① A4색상지에 자신을 소개하는 적당한 문장을 세 개 이상 적는다. 예) 나는 장수풍뎅이를 키운다, 나는 별명이 세 개이다. 나는 친구가 많았으면 좋겠다. 등 하고 싶은 말을 기록한다.

② 내 이야기를 적은 색상지로 종이비행기를 접는다.

③ 모두가 둥근 서클 형태로 앉은 후 기준을 정해 두 모둠으로 나눈다.

④ 한 모둠은 종이비행기를 날리고 다른 모둠은 종이비행기를 주워서 비행기의 주인을 찾아간다.

⑤ 종이비행기에 적힌 것을 기준으로 질문하고 대답하면서 상대방에 대해 더 많은 것을 알아본다.

⑥ 이야기가 다 끝나면 종이비행기를 돌려주고 하이파이브와 화이팅을 외치며 자리로 돌아온다.

⑦ 같은 방법으로 상대방이 종이비행기를 날리면 주운 후 친구를 찾아가 이야기를 나눈다.

⑧ 친구에게 들은 이야기를 이해하는 시간을 가진 후 내가 오늘 알게 된 친구를 모두에게 소개하는 시간을 갖는다.

몇 번의 활동을 거치게 되면 아이들은 보다 깊이 친구에 대한 정보를 알게 되고 동시에 친구에 대한 이해도 깊어진다.

〈길게 더 길게〉

이 놀이는 종이나 신문지를 모둠원들이 힘을 모아 긴 끈이 되도록 이어서 찢는 활동이다. 먼저 종이를 찢는 아이들은 뒤에 있는 친구가 더 길게 찢을 수 있는 여지를 남겨두어야 한다. 서로를 배려하는 마음과 협력의 정신이 필요하다.

① 반을 두세 모둠으로 나누고 각 모둠마다 종이나 신문지를 한 장씩 준비한다.

② 시작 소리와 함께 모둠 친구들은 릴레이로 종이를 끊어지지 않도록 찢는다. 단 시간 제한이 있으므로 서둘러야 한다.

③ 가장 길게 종이를 찢은 팀이 승리의 함성을 지를 수 있다.

종이 찢기라는 단순한 놀이가 아이들의 마음을 하나로 이어준다. '괜찮아'라는 응원에 힘입어 용기를 낸 아이들은 놀이가 끝나면 서로를 토닥인다.

Part 2. 금쪽같은 아이들의 이야기

> 금자동아 은자동아 둥둥 내 사령아/ 은자동아 금자동아 어서어서 잠들어라/ 금자동아 은자동아 부모에게 효자동아/ 일가친척 우애동아 형제간에 귀염동아/ 둥실둥실 잠들어라/ 높으거라 높으거라 태산 같이 높으거라/ 어질거라 어질거라 하늘같이도 어질거라/ 짚으거라 짚으거라 황해같이 짚으거라/ 개야개야 짖지마라 우리 금동 잠들은다/ 앞 집 개도 짖지 말고 뒷집 개도 짖지 마라/ 우리 금동 잠드는데 멍멍 개가 왜 짓는고.
>
> [네이버 지식백과] 「금자동아 은자동아」 [金子-銀子-]
> (한국향토문화전자대전)

우리 조상들이 사랑스런 아이들에게 들려주던 자장가이다. 사랑하는 자녀들이 부모를 사랑하고 주변을 사랑하고 아름다운 삶을 살아주기를 바라는 간절함이 담겨 있다.

'어질거라 어질거라 태산같이 어질거라' 대목은 우리 아이들과 깊은 이야기를 나누고 싶은 대목이다. 오늘을 사는 우리 아이들은 태산같이 어진 사람을 어떤 사람으로 표현해줄까 궁금해진다.

이렇게 자란 우리 조상들은 끝내 나라를 지켰고 그 나라를 주목하게 만들었다.

금자동이 은자동이 우리 아이들의 삶을 찬찬히 들여다보기로 했다.

에피소드 1. 스트레스로 아픈 아이들

그리스 철학자 에픽테토스(Epictetus, AD 55~135년경)가 말했다.

"힘든 일 자체가 스트레스가 아니라 그 일에 대한 내 생각이 스트레스다."

약 2000년 전에 살았던 철학자가 스트레스에 대한 명확한 진단을 내렸다는 사실 자체도 놀랍고 신기하다.

사람의 생각은 옛날이나 지금이나 별 차이가 없는 모양이다.

이런 스트레스를 몸으로 표현하는 아이들이 늘 있는 학교 현장은 스트레스 덩어리라고 해도 무방할 듯하다.

매 학급마다 다양한 증상으로 매일 아픈 아이들이 있다.

인영이는 매일 아프기도 하지만 매번 아픈 곳이 다르기도 하다.

수업을 하고 있노라면 갑자기 나를 향해 걸어 나온다.

그러고는 들릴락 말락 아주 가는 목소리로 말한다.

"선생님, 머리 아파요."

머리를 만져보니 열도 없고 땀도 안 난다.

"선생님 진찰 결과는 괜찮을 것 같은데 참을 수 없을 만큼 아프니? 조금만 참아볼까?"

가만히 듣더니 고개를 끄덕거리고는 제자리로 돌아가 앉는다.

한 시간이 지나고 인영이가 다시 나에게 다가온다.

"선생님, 계속 머리가 아파요."

다시 머리에 손을 대보고, 배도 문질러주고, 눈도 마주쳐본다.

"그렇게 많이 아프면 보건실에 갔다 올까? 한 시간만 있으면 점심시간인데 참을 수 없겠어?"

그러면 다시 알겠다는 듯이 고개를 끄덕이고는 제자리로 돌아간다. 다음 날은 배가 아프고, 그 다음 날은 다리가 아프다. 그래도 배가 아픈 날이 가장 많았던 것 같다. 배가 아픈 아이들은 매일 한두 명씩은 꼭 있다. 그렇게 인영이는 늘 어딘가가 아프다고 한다. 그럴 때마다 이마를 짚어보거나 배를 문질러주거나 등을 두드려주는 등 내 손길이 닿으면 한동안 괜찮다고 한다.

인영이는 어떤 스트레스 때문에 이렇게 몸이 힘든 걸까?

오늘도 민정이가 다가온다.

일주일에 한 번 한 시간만 만나는 내가 교실 문을 열고 들어오자마자 씩씩하게 나를 향해 걸어온다.

민정이 텐션은 엄청나다. 40분 수업 내내 말도 행동도 에너지가 넘친다. 선생님의 말에 큰 소리로 답을 하기도 하고, 친구들 행동 하나하나 지적하고 돕기도 한다. 수업 시간 내내 민정이의 목소리가 귓전을 두드린다. 수업을 끝내고 교실 문을 열고 나가는 내 뒤를 좇아와 큰 소리로 인사한다.

"선생님, 안녕히 가세요. 또 만나요. 오늘 즐거웠어요."

민정이는 의욕이나 에너지가 넘치지만 학습 도달이 힘들어지면 그때부터 아프다.

학교생활을 재미있게 하는 것 같은데 스트레스도 많은 것 같다.

겉으로 보기에는 씩씩한데 사실은 친구관계가 자연스럽지 않은 아이이다.

오늘도 수업을 위해 교실에 들어서자마자 쪼르르 민정이가 달려 나온다.

"선생님, 제 입에서 피 냄새가 나요."

입을 활짝 벌리더니 입속을 보라고 한다.

손가락을 입속에 넣어 입을 더 크게 벌려준다.

할 수 없이 민정이 입속을 들여다보면서 혹시 피가 났는지 살펴보았다.

"왜 피 냄새가 날까? 어디 피가 났나 보자. 선생님이 보기에는 괜찮을 것 같은데."

대답이 끝나자 실망스런 표정을 짓더니 민정이는 조용히 걸어들어간다. 수업이 끝났다. 수업용품을 주섬주섬 챙기고 나가려는 나를 향해 걸어온다.

"선생님, 이가 좀 이상한 것 같아요."

하면서 마스크를 내리고 또 입속을 보여줄 태세이다.

민정이 손을 꼭 잡고 설명을 해준다.

"그렇구나. 일단 보건실에 가보는 게 어떨까? 그리고 꼭 엄마한테 말해서 치과에 가봐. 치과에 가서 사진 찍으면 어디가 이상한지 금방 알 수 있어."

아이는 조용히 뒤돌아 나에게서 멀어져간다.

민정이는 진짜 이가 아픈 것일 수도 있겠다.

다음 시간에 진짜 아프다면 담임 선생님에게 또 얘기할 것이다.

어쩐지 오늘은 씩씩하게 또 만나자는 인사도 없다.

아이들의 스트레스를 우산을 쓴 아이로 표현하는 활동을 해 보았다. 웅덩이에 물이 고인 검은 우산을 그린 아이는 인영이다. 먹구름이 가득한 하늘을 표현한 아이는 민정이이다.

아이들 마음은 참 정직하다.

출처: 꿈틀이샘. 비 오는 날. 무료도안 사용한 작품
https://blog.naver.com/everydayvocab/221994506294

에피소드 2. 좋은 것이 하나도 없는 집

오늘 수업 목표는 우리 가족에 대해 생각해보고 우리 가족이 행복했던 기억을 되살려 행복지수를 높이는 것이다.

선생님의 질문이 이어졌다.

"우리 가족의 좋은 점 말해볼까요?"

여기저기서 아이들이 큰 소리로 말한다. 말이 겹쳐 잘 알아듣기 힘들지만 가족의 좋은 점을 말하느라 신이 났다.

공주병이라 이름 지어진 새롬이가 새초롬한 표정으로 한마디 한다.

"우리 집은 좋은 점이 없어요."

"잘 생각해봐요. 새롬아."

"친구들이 말했던 서로 사랑한다, 화목하다, 행복하다, 이런 것도 돼."

"우리 엄마와 아빠는 맨날 싸워요. 화목하지 않아요."

공주 같은 손짓과 남다른 패션 감각으로 무장한 새롬이가 까르르 웃었다.

그러더니 당당한 표정으로 한마디 한다.

"아, 하나 생각났다. 우리 집은 돈이 많아요."(너무나 해맑은 목

소리로 방긋 웃으며)

"돈이 많은 것이 좋은 점이에요?"

"네. 우리 집에는 할아버지도 돈이 많고 아빠도 돈이 많아요."

두 손을 턱 밑에 괴고 환하게 웃는 새롬이를 보면서 생각이 많아졌다. 나를 힘들게 하는 두 아이 모두에게서 공통적으로 나온 말은

"우리 집은 좋은 게 없어요."

"생각이 안 나요."이다.

무언가 생각난 듯이 갑자기 민호가 또 큰 소리로 말한다.

"어른들은 욕을 잘 해요."

"우리 엄마, 아빠도 맨날 욕을 하거든요."

"선생님도 욕하잖아요."

"선생님이 욕을 했다고? 난 욕한 적 없는 것 같은데 잘 생각해 봐. 민호야!"

선생님이 욕을 했는지 안 했는지 이야기로 교실이 떠들썩해졌다.

"야, 선생님이 언제 욕했어?"

"선생님은 한 번도 욕한 적이 없는데, 너는 언제 욕하는 걸 들어봤어?"

또 아이는 한동안 대답이 없더니

"어쨌든 어른들도 욕하니까, 우리도 욕하는 거예요."(고래고래 소리 지른다)

"민호야, 오늘 남아서 선생님이랑 얘기 좀 더 하고 갈까?"

민호가 작은 소리로 중얼거린다.

"어이없네."

고작 만 일곱 살, 자기가 아는 세상이 전부인 아이들에게 우리가 더 좋은 세상, 좋은 친구를 만들 수 있다는 것을 알려주어야 한다. 첫 번째 도전은 욕하지 않는 교실을 만드는 것이다.

'하루 욕하지 않기' 우리 반 도전과제를 만들었다.

교실 뒤에 커다랗게 아이들 이름이 보이는 스티커판을 만들었다.

욕하지 않는 하루를 이뤄내면 색색의 스티커가 붙여진다. 욕하지 않는 하루를 20일 동안 살아낸 아이에게는 칭찬 샤워 듬뿍 뿜어주고, 박수와 환호성, 그리고 달콤 쌉쌀한 초콜릿이 하나 배달될 것이다.

에피소드 3. 14명이 있잖아요!

점심급식을 마치고 교실로 돌아왔다.

아이들이, 수진이 자리 주변에서 친구들이 웅성웅성대고 모여 있었다.

'오늘은 또 무슨 일일까?' 생각 속에 근처로 다가갔다.

수진이가 울고 있었다. 아이들이 소리친다.

"수진이가 울어요. 선생님."

"수진아, 왜 울어?"

간신히 울음을 멈추고 흐느낌을 누르며 떨리는 목소리로 말한다.

"공유가 제 가방을 발로 찼어요."

"맞아요. 나도 봤어요."

아이들이 서로 본 장면을 설명한다.

"공유야, 왜 수진이 가방을 발로 찼어?"

"저만 찬 게 아니고 강남이도 찼어요."

"강남이는 왜 수진이 가방을 발로 찼어?"

"공유가 수진이가 자기 가방을 발로 찼으니까 같이 수진이 가방을 발로 차자고 해서 찼어요."

"수진아, 공유 가방을 발로 찼어?"

"아니에요, 저는 그 옆을 지나가기만 했어요."

"맞아요. 수진이는 안 찼어요."

여러 아이들이 웅성웅성거리며 공유가 수진이 가방을 발로 차면서 강남이한테 같이 차라고 얘기하는 걸 들었다고, 수진이는 가방을 차지 않았다고 변호를 해준다.

"얘들아, 혹시 공유가 가방 차자고 하는 얘기 들었니?"

"저요." 소리가 여기저기서 메아리친다.

14명의 아이들이 들었다며 수진이 편을 들어준다.

"공유야, 친구들이 네가 수진이 가방을 차고, 친구들에게도 차라고 말을 했다는데?"

그때 공유가 이렇게 소리를 지른다.

"선생님, 그렇게 말하지 않은 14명도 있잖아요."

"14명이나 되는 친구들이 너의 말을 들었다는데, 그러면 그 말이 사실이 아닐까? 어떻게 생각해?"

"……."

잠깐의 침묵이 이어지더니 다시 악을 쓴다.

"선생님, 그렇게 말하지 않은 14명도 있잖아요."

"선생님, 그렇게 말하지 않은 14명도 있잖아요."

공유와 나만의 대화를 위해 다른 공간으로 들어갔다. 공유의 말을 메아리처럼 다시 공유에게 들려주었다.

"그렇구나. 14명은 아무 말을 안 했지. 왜 아무 말도 안 했을까?"

"말한 14명과 말하지 않은 14명은 어떻게 다른 걸까?"

그리고 마지막 대화에서 공유를 보며 넌지시 물어보았다.

"그런데 이 일로 수진이 마음은 어땠을까?"

한참을 가만히 있던 공유가 작은 소리로 읊조린다.

"안 좋았을 것 같아요."

"수진이 마음이 어떻게 안 좋았을까?"

"공유야, 마음이 아픈 수진이를 어떻게 하면 괜찮아지게 할 수 있을까?"

공유가 말한다.

"미안해."

수진이가 대답했다.

"괜찮아."

아이들은 이렇게 수식 같은 말을 하며 마무리가 되었다.

그렇게 공유와 수진이의 마음은 다시 연결되었다.

에피소드 4. 나보다 잘하는 네가 싫어!

2022년 4월, 이제 1학년에 입학한 지 한 달 보름.

입학 초기 적응 활동을 끝내고, 드디어 제대로 된 공부라는 걸 하고 있다.

교실 뒤편에는 학생들이 책을 읽고 그걸 기록하는 게시판이 있다.

10권 단위로 아이들의 이름이 위로 옮겨가는 판이다.

우리 반 책벌레들이 두 단계를 올라가고 있다.

"선생님, 진웅이가 예슬이 이름표를 아래로 내렸어요."

"맞아요, 진웅이가 그랬어요."

"예슬이가 올라간 게 얄미워서 그랬대요."

"저도 봤어요."

네 명의 아이들이 진웅이의 행동을 신고한다.

친구가 잘되는 게 배 아픈 일이라고 생각한다면 이건 씁쓸한 일이다. 그렇지만 숨김이 없는 아이들이니 그럴 수도 있다.

진웅이를 불렀다.

"진웅아, 진짜 네가 예슬이 이름표를 옮겼어?"

"아니요. 절대 안 그랬어요."

"진웅아, 사람은 가끔 자기가 한 일을 기억하지 못할 때도 있어. 선생님도 가끔 그래. 그런데 잘 생각해보면 생각나더라."

"저는 그런 적 없어요."

"그럼 네 명의 친구가 거짓말을 하는 거야?"

대답 없이 침묵을 지키고 있다.

진웅이의 눈을 바라보며 속으로 말한다.

'진웅아, 제발 사실을 말하고 친구에게 사과를 해줘.'

그러나 진웅이는 선생님의 어떤 질문에도 상황 설명에도 흔들리지 않고 끝까지 말한다.

"나는 안 그랬어요. 제가 한 게 아니에요. 그런데 선생님, 난 벌점이 몇 개예요?"

갑자기 벌점에 관심을 보이는 진웅이에게 잘 모르겠다고 대답했다.

진웅이가 이렇게 거짓말을 하는 이유는 바로 벌점을 받지 않으려는 몸부림 때문이다. 진웅이는 벌점과 상점에 민감하다.

"진웅이에게 벌점은 어떤 거야?"

에피소드 5. 민국이의 하루 1

민국이는 오늘도 아무것도 안 한다. 민국이와 민지는 쌍둥이 남매이다.

부모님의 요청으로 같은 반에 배정되었다. 민지가 민국이를 보살펴주어야 한다는 것이다. 민지는 성격도 활발하고 친구와 사이도 좋고 이해력도 좋아서 과제 해결을 척척 하는 편이다. 오늘은 아침부터 '행복하게 하는 말 찾아 색칠하기' 활동을 하기로 했다. 이렇게 하루를 시작하면 조금은 행복해질까 해서 해 보는 것이다.

"얘들아, 오늘은 숨어있는 행복하게 하는 말 찾기 해보자. 누가 많이 찾을까?"

내 말이 끝나자마자 민국이는 책상 위에서 장난하며 놀더니 빗자루를 들고 바닥을 쓸고 있다.

"민국이가 청소를 하는구나. 잘했어요. 이제는 행복하게 하는 말 찾기 해보자."

"네."

잠시 기분이 좋아진 것 같아 보인 민국이가 또 자리에서 보이지 않는다.

갈색 크레파스를 하나 들고는 싹싹 긁어서 가루를 만들어 책상 위를 온통 크레파스로 어지럽히고 있다.

조용히 다가가 자리를 정리하도록 하며 같이 책상 위를 닦았다.

"선생님, 연필 깎아도 돼요? 연필이 다 부러졌어요."

교실에 떨어져 있던 연필을 모아놓은 재활용통을 보더니 민국이가 말했다. 오랜만에 민국이가 착한 일을 하나 찾았다.

"선생님, 민국이가 내 책에 낙서했어요~~."

시키지도 않은 연필을 깎고 제자리로 돌아오는 그 사이에 규리 책에 낙서를 했다는 거였다.

"정말 민국이가 이렇게 한 거야? 친구 책에 낙서하면 안 되지? 민국이가 지워주자."

연필 대신 지우개를 주며 달랬다.

잠시 후 다시 규리가 또 나를 부른다.

"선생님, 민국이가 자꾸 내 책상에 뭘 붙여요. 가라고 해도 안 가요."

민국이는 앞에 규리는 저 뒤에 앉아 있는데도 틈만 나면 규리 책상으로 가서 규리를 귀찮게 하고 있다.

하루 종일 규리는 "선생님~"을 부르고 그럴 때마다 민국이는 나를 힐끔힐끔 쳐다본다.

수업이 끝났다.

차례차례 교실 문을 나서야 하는 걸 민국이는 참지 못한다.

가방도 팽개치고 벌써 교실 밖으로 휭하니 나가버렸다.

다른 곳에 한눈파는 사이 민국이는 벌써 밖으로 나가고 뒤꽁무니만 보인다.

에피소드 6. 민국이의 하루 2

민국이 쌍둥이 동생 민지가 또 울고 있다.

민지는 민국이 때문에 우는 날이 많다.

민국이를 그렇게 보살피고 도와주는데 툭하면 울린다.

민국이가 오빠인 게 현재로서는 좋은 점이 없어 보인다.

"민지야, 무슨 일인데 또 눈물을 이렇게 흘리고 있을까?"

"나는 유진이랑 재미있게 놀고 있었어요. 갑자기 민국이가 오더니 나를 밀었어요. 나는 교실 문 모서리에 머리를 박았어요."

훌쩍이며 이야기를 하는 사이 옆에 있던 민국이가 민지 옆구리를 밀쳤다.

"선생님한테 고자질하지 마!"

아프다는 민지와 못마땅한 표정의 민국이를 번갈아 바라보았다. 민지는 서럽게 울고 있고 민국이는 코를 훌쩍이더니 코딱지를 하나 꺼내 들고 입에 넣는다. 이 상황을 이해하게 하려면 어떻게 해야 할지 머릿속이 복잡하다.

"선생님, 민지는 아무 잘못도 안 했어요."

"선생님, 바로 여기에 쿵 박았어요."

너도나도 민지의 억울함을 대신 얘기해준다.

아이들의 말을 듣는 민국이 마음은 어떨까?

아이들이 자꾸 민국이를 싫어한다.

그걸 민국이도 잘 아는 것 같다.

아이들과 민국이 사이는 시간이 지나면서 자꾸 멀어지고, 민국이는 점점 더 거칠어진다.

아이들이 다가와 민국이의 하루를 또 일러주고 있다.

"선생님, 민국이가 가위를 들고 찌르려고 했어요."

"민국이가 가위를 휘두르며 찌르려고 해서 교실로 달아났는데 들어와서 문을 잠갔어요. 그래서 앞문으로 도망갔어요."

"선생님, 민국이가 뒷문을 잠가서 못 들어왔어요."

하다하다 이제는 가위를 들고 친구를 위협한다. 민국이는 이런 것이 놀이라고 생각하는 것 같다. 아이들이 도망가는 것을 보면 더 흥분한다. 때로 분노를 조절하지 못하는 경우도 있다. 친구와 소통하는 법, 친구 마음을 이해하는 법을 도통 익히지 못한 것 같다. 이 아이와 함께 가야 할 길이 아주 멀다.

에피소드 7. 민국이의 하루 3

오늘은 턱에 큰 멍이 들어서 등교했다.

"아이고 민국아, 무슨 일이 있었길래 이렇게 큰 멍이 들었니?"

"집에서 풍선을 크게 불어 놀려고 하다가 앞으로 넘어졌어요."

"많이 아프겠구나. 오늘은 살살 놀아야 해. 멍이 더 커질 수도 있어. 조심하자."

아침 활동을 시작했다.

그림책을 한 권씩 읽고 다 읽은 학생은 자기 번호 판에 자석을 하나 붙인다.

민국이는 읽지도 않고 벌써 자석을 붙여놓았다.

아이들은 민국이의 이런 행동을 절대 놓치지 않는다.

"선생님, 민국이가 책도 안 읽고 자석 붙였어요."

"민국아, 자석은 책 다 읽은 사람만 붙이는 거야. 자석 떼고 다 읽은 후 다시 붙이자."

웬일인지 아무 말 없이 민국이는 자기 자리로 돌아간다.

"선생님, 민국이가 내 거도 떼었어요."

"선생님, 내 거도 그랬어요."

"선생님, 내 거도 다 뗐어요."

민국이는 자기 판 자석을 떼고는 옆에 있는 아이들 자석까지 몇 개를 떼어냈다.

아이들 원성으로 왁자지껄한 사이 또 일을 저질렀다.

어느새 소희 책상에 낙서를 해놓았다.

좋아하는 친구가 있으면 그 친구 책상 위에 낙서를 하곤 한다.

민국이 책상 위에는 교과서 대신 작은 구슬, 종잇조각, 색종이 테이프, 조각낸 지우개 등 여러 가지 물건들이 자리를 차지하고 있다.

오늘도 하루 종일 교실에 메아리치는 소리들.

"선생님, 민국이가요~~~~~~~ㅠㅠ"

"선생님, 민국이가요~~~~~~~!!"

"선생님, 민국이가요~~~~~~~ㅅㅂㅅㅂ"

"선생님, 민국이가요~~~~~~~ㅇㅇㅇ"

에피소드 8. 민국이의 하루 4

기다리고 기다리던 체험학습을 가는 날이다.

민국이에게는 특별 대책반으로 보건 선생님이 투입되었다.

만약에 있을 부상이나 코피 흘리는 아이들을 위한 약품을 들고 민국이를 철벽 방어해 주시기로 했다.

혹시 발생할지도 모를 민국이의 일탈 행위들을 설명해 드렸다.

순간 이동을 잘 하는 민국이에게 학교 밖은 위험했다.

민국이에게서 눈을 떼지 말아주시길 부탁드렸다.

아이들은 둘이 짝이 되어 줄을 서서 차례로 들어가야 한다. 수업을 마치면 총알처럼 튀어나가는 민국이는 기분이 좋아서 펄쩍 펄쩍 뛰어다닌다.

차례를 기다리며 서있던 성민이 다리에 뛰던 민국이가 걸려 넘어졌다.

벌떡 일어난 민국이는 아무 말 없이 서있던 성민이를 사납게 쳐다보더니 갑자기 주먹을 날렸다.

"성민이 너 때문에 내가 넘어졌잖아."

보건 선생님이 달려가셨지만 성민이는 이미 나동그라져 있었다.

"민국아, 네가 뛰다가 넘어지고 친구 탓을 하면 안 되지. 선생님도 다 봤는데."

민국이는 알아들을 수 없는 말을 하더니 휭하니 그냥 앞으로 가버렸다.

그 뒤를 보건 선생님이 따르고 있다.

무사히 관람을 마치고 점심시간이 되었다.

"얘들아, 우리 동그랗게 모여서 같이 밥 먹자."

민국이는 민지도 버려둔 채 혼자서 돗자리를 펴며 중얼거린다.

"난 혼자 밥 먹을 거야."

"민국아, 친구들이랑 같이 먹으면 더 맛있다. 그거 몰랐지?"

민국이를 달래서 돗자리를 연결해 둥글게 앉도록 하고는 함께 밥을 먹도록 자리를 만들었다.

기분이 좋아졌는지 민국이는 가방을 열더니 온갖 간식 봉지를 친구들에게 던져주었다. 아이들은 자기가 가지고 온 간식을 또 나누어 주었다.

오랜만에 보는 기분 좋은 장면도 잠시, 등 뒤에서 익숙한 소리들이 들리기 시작했다.

"선생님, 민국이가 내 가방을 열어서 젤리를 다 가져갔어요."

"선생님, 민국이가 맘대로 내 가방을 뒤져요."

"선생님, 민국이가 내 가방을~~~."

민국이의 만행(?)이 다시 시작되었다. 생각보다는 행동이 먼저인 민국이는 친구들 가방 속을 마음대로 뒤적였다.

짧은 행복이 지나고 또 전투가 시작된 모양이다.

에피소드 9. 민국이의 하루 5

"내가 가장 행복한 시간을 시계로 나타내기 참 잘했어요. 우리가 다 같이 행복한 시간 11시 30분, 지금부터 쉬는 시간이다."

민국이는 1교시를 마친다는 말을 듣자마자 교실을 뛰쳐나가다 자리에서 일어선 우석이와 부딪쳤다.

달리는 민국이의 힘에 의해 우석이의 코는 민국이 머리와 부딪친 후 엉덩방아를 찧으며 넘어졌다.

코를 부여잡고 아파서 우는 우석이 등을 후려친다. 우석이 때문에 자기가 아프다고 한다.

민국이는 자신으로 인해 벌어지는 모든 사건의 원인을 자기를 빼고 바깥에서 찾는다. 그래서 늘 화를 낸다.

그 상황을 본 아이들이 우르르 몰려왔다.

"선생님, 민국이가 우석이랑 부딪쳤다고 우석이를 때려서 우석이가 울어요."

아이들은 '민국이를 혼내주세요'라고 말은 못하지만 눈은 그렇게 말하고 있었다. 아이들을 다 교실 밖으로 내보내고 민국이와 우석이와 교실 바닥에 앉았다.

"민국아, 우석이가 슬프게 우는데 왜 우는지 아니?"

"내가 지나가는데 우석이가 있어서 부딪쳤어요." 씩씩거리며 말한다.

"민국아, 우석이랑 부딪쳐서 많이 아팠구나."

"여기 여기가 아파요."

자신이 아픈 곳을 손으로 가리킨다.

"우석이는 어디가 아프니?"

억울함에 아프기까지 한 우석이는 눈물 반, 설명 반으로 상황을 설명한다.

"코도 아프고 등도 아파요. 나는 아무 짓도 안 했어요."

"민국아, 우석이가 일부러 부딪친 거니?"

"내가 지나가는데 서 있었어요."

"뛰어간 사람은 누구일까?"

"저요. 민국이요."

"가만히 서 있었는데 민국이가 뛰어왔어. 그래서 우석이 코를 민국이가 박았어. 우석이는 아플까, 안 아플까?"

한참을 대답하지 않는다.

"아플 거 같아요."

한참을 씩씩거리더니 우석이를 보고 한마디 한다.

"우석아 미안해."

"괜찮아."

아이들은 참 이상한 화해를 한다. 상황 이해를 잘 시키고 나면 아이들은 기계적으로 "미안해"라고 하고 곧이어 상대 아이는 "괜찮아"라고 하면서 상황을 정리하려고 한다. "정말 괜찮아?"라고 물으면 아니라고 고개를 젓는다.

민국이에게 어떻게 사과해야 하는지 다시 말해주었다. 민국이는 차분히 우석이에게 말했다.

"우석아, 내가 갑자기 뛰어서 너의 코를 아프게 해서 미안해. 너의 등도 때려서 미안해. 너한테 화내서 미안해."

우석이도 괜찮다는 말 대신 구체적으로 마음을 말해보라고 했다.

"나는 민국이가 갑자기 뛰지 않았으면 좋겠어. 사과해줘서 고마워!"

서로 팔을 다독이며 언제나 그렇듯 사과로 마무리를 짓는다.

제발 오늘 사건은 이것으로 끝이었으면 좋겠다. 2교시 수업 시간은 반이나 지나갔고 나도 아이들도 마음이 정리되지 않았다. 아이들을 데리고 달리기를 하러 나가야겠다.

에피소드 10. 아빠가 너무 무서워요

오늘은 금요일이다. 발걸음도 가볍게 출근을 하는데 교내 방송이 흘러나온다.

"안녕하세요. 아나운서 ○○○입니다. 오늘은 불금이네요. 모두 즐거운 시간 보내세요. 들려드릴 음악은 ********입니다."

한참을 웃었다. 초등학생이 불금을 즐기라고 한다.

그러나 아이들이 하교하기 전까지는 마음을 놓을 수 없다.

특히 현이와 훈이의 행동을 주시해야 한다.

2교시 수업이 끝나고 쉬는 시간, 갑자기 큰 울음소리가 복도를 울린다. 급히 일어나 뛰어나갔다. 아이들이 몰려있고 채연이가 울고 있었다.

아이들을 헤치고 채연이 상태를 살펴보았다.

입술에서 피가 나고 있다.

"이게 어떻게 된 일이야?"

"훈이가요~~~~."

"훈이가 밀어서~~~~~."

오늘도 어김없이 그 녀석이다.

아이들을 진정시켜 교실로 들여보내고 채연이는 보건실로 보내고 자초지종을 물었다.

쉬는 시간에 여자아이들이 계단에서 가위바위보를 하며 계단 오르기를 하고 있었는데 갑자기 나타난 훈이가 채연이를 밀었다는 것이다.

입술이 찢어져서 부풀어 올랐다.

"이가 부러졌으면 어떻게 하지? 큰일 났네."

훈이에게 들리도록 외치며 보건 선생님에게 달려갔다.

"선생님, 다행히 이는 괜찮은 것 같아요. 다행히 아래 칸에서 넘어져서 크게 다치지는 않았어요. 제가 학부모님께 연락드렸어요."

이가 부러지지 않았다는 말에 안도의 한숨이 나왔다.

이제는 이가 재생되는 시기가 아니니 평생 상처로 남을 일이다.

채연이는 울어서 눈이 퉁퉁 부었고, 찢어진 상처로 입술이 퉁퉁 부었다.

"넌 친구에게 무슨 짓을 한 거야. 이제 어떻게 할 거야? 채연이 상처는 어떻게 할 거야."

훈이는 최대한 아무렇지도 않은 표정으로 버티고 있다.

이제 4교시를 마쳤다. 또 복도에서 울음소리가 들렸다. 아이들이 몰려와 사건을 설명한다.

훈이가 또 현이에게 발을 걸어 업어치기를 했다는 것이다.

교실 옆 중간 뜰은 벽돌 바닥이다. 공사가 잘 되지 않아서 평평하지 않은 벽돌 바닥이다. 현이는 머리를 두 손으로 잡고 울고 있었다. 넘어지면서 머리가 돌바닥에 닿았다고 한다.

다시 보건실에 가서 자초지종을 설명하고 학부모에게 연락을 한 뒤 교실로 돌아왔다.

아까와는 좀 다른 놀란 얼굴을 한 훈이가 앉아있었다.

주변에 있었던 아이들의 진술과 훈이의 진술을 토대로 또 사건 재구성을 하였다.

"훈이야, 현이가 머리를 다친 것 같아. 병원에 가서 머릿속 사진을 찍어야 한단다. 그러면 훈이가 현이의 치료비도 내주어야 하고 부모님과 함께 사과해야 할 수도 있어."

부모님이란 말을 듣자 훈이는 얼굴을 일그러뜨리며 울기 시작했다. 너무 놀랐을까 걱정되는 마음에 훈이를 달래보려고 했다.

"훈이야, 너무 놀라지 말고 현이가 괜찮아지라고 기도하자."

나는 다친 현이가 걱정되어 우는 줄 알았다.

"흑흑, 이제 나는 아빠한테 매를 맞을 거예요. 우리 아빠는 너무 무서워요. 우리 엄마도 힘이 세요. 나를 때릴 거예요."

"우리 아빠는 너무 무서워요."

"우리 엄마는 힘이 세요. 나는 엄마 아빠가 싫어요."

훈이는 오직 매 맞을 일이 걱정이었다. 훈이는 매 맞는 아이였다. 때리지 않는 선생님을 무서워하지 않는다. 이 상황을 그냥 넘길 수는 없다.

훈이는 엄마 아빠 얘기를 하며 한참을 엉엉 울었다.

에피소드 11. 40대를 맞았어요

학교가 어느 정도 좋은 건 공부가 재미있어서가 아니다.

짬짬이 있는 쉬는 시간에 친구들과 놀 수 있기 때문이다.

복도를 쌩쌩 달리는 아이들을 붙잡아서 물어보았다.

"복도에서 이렇게 뛰면 지나가는 사람이 위험해질 수도 있어. 복도에서 뛰지 말자."

"선생님, 그런데요, 복도에서 뛰는 게 제일 재미있어요. 진짜 재미있어요."

복도에서 뛰어다니는 건 예전이나 지금이나 애들에게 가장 재미있는 놀이인가 보다.

체벌도 벌점도 먹히지 않는 아이들에게 가장 무거운 벌은 쉬는 시간에 놀지 못하게 하는 것이다. 벌점이 쌓이면 놀이 시간을 빼앗긴다.

그 짧은 시간에 복도를 뛰어다니며 술래잡기도 하고 사방치기도 하고 오목 놀이도 하고 블록 쌓기도 한다. 여자아이들은 단체로 화장실에 들어가 뭔가를 하기도 한다. 중간 놀이뜰에서 축구도 하고 피구도 한다. 아이들에게 수업 시간을 딱 맞춰 들어오는 건 참 힘든 일이다.

요즘에는 남자아이들이 공기놀이를 하며 논다. 조용히 공기놀이를 하던 아이들이 나를 찾는다.

'나도 쉬는 시간에는 쉬고 싶단다. 얘들아.'

마음과는 다르게 문제에 얽힌 아이들을 모두 모았다.

피해자인 민호에게 먼저 말할 기회를 주고, 차례로 시간을 줄 테니 친구 이야기를 들어보자고 했다.

"우리 세 명이 공기놀이를 하고 있었어요. 그런데 얘들이 아무것도 안 했는데 때렸어요."

"셋은 누구누구지?"

"저랑 진호, 예성이요."

"그러다 무슨 일이 생겼는데?"

"갑자기 진호랑 예성이가 나를 때렸어요."

"진호와 예성이가 민호를 어떻게 얼마나 때렸지?"

"진호가 40대쯤 때리고요. 예성이는 19대 아니면 49대를 때렸어요."

사실이라면 엄청난 일이 일어난 것이다.

어떻게 그 짧은 시간에 40대를 때렸을까? 합치면 약 100대가 될 수도 있다.

말 잘하는 예성이가 갑자기 끼어들어 주장을 펼친다.

"아니에요. 선생님, 민호도 우리를 때렸어요."

두 녀석이 민호를 때린 건 확실한 일인 것 같다.

"저는 안 때렸어요. 말로 하지 말라고 했어요."

민호가 억울하다고 말한다.

아마도 민호가 맞은 건 분명한 것 같은데 그 맞음이란 게 어떤 건지 알아볼 필요가 있다.

때로 아이들은 선생님이나 친구들이 팔뚝을 툭 친 것도 맞은 거라고 말하기도 한다.

"자, 그럼 우리 아까 공기놀이 하던 자세로 앉아보자."

"누가 먼저 공기를 시작했을까? 처음부터 다시 해보자."

사건을 재구성하기 시작했다.

오해와 실수, 우기기. 이것이 사건의 발단이다.

다행히 주먹질은 아닌 것이다.

"자, 어떻게 할까? 민호가 맞은 수만큼 똑같이 때려줄까?"

민호가 고개를 젓는다.

"다시는 그러지 않겠다고 진심으로 사과하면 될까?"

민호가 고개를 끄덕인다.

"민호가 착한 생각을 했구나. 예성이, 진호 어떻게 할까?"

"사과할게요."

민호가 괜찮다고 할 때까지 예성이와 진호는 구체적인 사과와 재발 방지를 약속한다.

민호 마음 클리어~.

에피소드 12. 내 손모가지를 잘라라

코로나19로 인해 학교의 모든 활동이 중단되었었다.

드디어 3년 만에 현장체험학습이라는 걸 가게 되었다.

아이들도 선생님도 이런 시간이 다시 오게 되었다는 현실이 모두에게 설렘이라는 감정을 가져다주었다.

배낭 안에는 김밥과 음료, 최애 간식을 담고 버스에 올라탔다.

아직은 코로나19로 인해 버스 안에서 간식 먹는 즐거움은 삭제되었지만, 재잘재잘거리는 소리는 소거되지 않았다.

설렘이 잠시 잠잠해지더니 아이들은 하나둘씩 말하기 시작한다.

"선생님, 얼마나 남았어요?"

"선생님, 물은 먹어도 돼요?"

"선생님, 핸드폰 해도 돼요?"

"선생님, 민이가 핸드폰으로 게임해요."

"선생님, 민이가 물 먹어요."

"선생님, 민이가 쓰레기를 우리에게 던져요."

"민이야, 쓰레기 버리면 안 되지. 오늘 착한 민이가 되기로 선생님이랑 약속했잖아. 약속 안 지키면 선생님도 이제 민이랑 한 약속 안 지킬 거야."

그러자 민이가 당당하게 말한다.

"선생님, 내가 쓰레기 버리는 것 봤어요?"

그리고 아이들에게 더 크게 외친다.

"야, 너 내가 쓰레기 버리는 것 봤어?"

아이들이 기가 막히다는 듯이 이렇게 중얼거린다.

"민이, 너 진짜 양심 없다."

그 말을 들은 민이는 진짜 억울하다는 듯이 큰 소리로 외친다.

"야, 내가 진짜 쓰레기를 버렸으면 내 손모가지를 잘라버린다."

"와, 진짜~~~."

민이의 그 말에 모두들 감탄인지 탄식인지를 뱉어낸다.

민이는 손모가지를 자른다는 말이 어떤 의미인지를 알고 하는 것일까?

민이가 내뱉는 저런 거친 표현과 숱한 거짓말들을 삭제시켜주는 코드가 있다면 얼마나 좋을까.

선생님도 탄식을 아이들도 탄식을, 그러나 민이는 아주 당당한 얼굴로 흥얼거리고 있다.

"민이야, 선생님 옆자리로 잠깐 와봐."

친구들과 자꾸 분쟁을 일으키는 민이를 내 옆에 앉혀 놓았다. 아침은 먹었는지, 간식은 뭘 가져왔는지 물었다. 갑자기 뜬금없는 말들을 한다.

"선생님, 우리 집에는 방이 열 개 있어요. 화장실은 네 개 있어요."

이건 또 무슨 말이며 어떤 의미일까?

에피소드 13. 상상과 현실

수학 문제 풀기를 다 마치고 시간이 좀 남아서 A4 종이를 한 장씩 나눠주고 집 그리기를 미션으로 내주었다.

집이라는 그림을 통해 아이들의 생각을 들여다볼 생각이었다.

"여러분 마음대로 집을 그려보세요. 마~음~대~로~."

애써 마음껏 그려보라고 강조, 강조를 했다.

이 마음대로라는 말을 아이들은 참 힘들어한다.

미술학원에서 그림을 배울 때 따라 그리기를 배우고, 유치원에서 만들기를 할 때 정해진 모양대로 만들기를 하곤 하기 때문이다.

계속 어떤 집을 그려야 하는지 묻고 대답하고, 또 묻고 대답하다 시간이 흐른다.

"선생님, 어떤 집을 그려요?"

"집 그리고 주변 꾸며도 돼요?"

"집 안에 사람 그려도 돼요?"

"손톱만큼 작은 집 그려도 돼요?"

"아주 크게 종이에 가득 차게 그려도 돼요?"

"성을 그려도 돼요?"

그러자 한 친구가 대답한다. 제법 뭘 아는 것 같다.

"성은 안 되지. 성은 집이 아니잖아."

"성에는 왕이 살고 있으니까 집이 되잖아. 그려도 되지?"

"그럼 학교도 되겠네?"

"학교는 안 되지. 학교에서는 잠을 자지는 않잖아."

"캠프 할 때 학교에서 자기도 하니까 그려도 되지."

기숙사에서 생활하는 언니를 둔 다솔이가 옆에서 거든다.

"우리 언니는 학교에서 잠을 자는데? 그럼 학교도 집이지."

집 그리기 하나를 미션으로 줬을 뿐인데 이렇게 많은 이야기들이 오고 간다.

집이란 의미 속에 잠자는 곳이라는 개념을 넣었더니 성도 집이 되고 학교도 집이 되었다.

집이라고 생각되는 건 다 된다고, 마음대로 그려보라고 하였다.

이야기가 곁가지를 만드니 잠시 집이란 단순한 단어가 이렇게 복잡해졌다.

이렇게 상상력이 샘솟는 아이들에게 다음에는 큰 도화지에 마음껏 집을 그려보라고 해봐야겠다.

우리 반 아이들의 집을 큰 도화지에 그려보면 어떤 집들이 나올지 궁금해진다.

잠시 소강상태가 되더니 하나둘 집을 그리기 시작했다.

"선생님, 집이 어항이 되어도 되나요?"

재훈이가 집 안에 상어와 물고기를 가득 그려 넣었다.

물고기가 사는 집이란 개념에 자똑(스스로 똑똑함을 자처하는 아이)이가 지적을 하고 나섰다.

성민이는 집 안에 온통 괴물체들을 그려 넣었다.

공룡들이 피를 흘리고 있고, 손에 무기를 들었다. 아마도 게임 캐릭터인 모양이다.

온 가족이 괴물이 되어 싸우는 집은 그림만으로도 섬뜩한 집이 되어 있었다.

공주 같은 수영이는 성을 집으로 그리겠다더니 집은 온데간데없어지고 공주만 그리고 있었다.

"수영아, 성을 먼저 그리고 사람을 그리면 안 될까?"

성이 완성되지 않을 것 같은 조바심에 한마디 던졌다.

"선생님, 집 안을 그려도 돼요?"

성 같은 집을 그리기가 힘들어진 수영이는 이제는 집 그리기를 포기하고 공주 같은 수영이와 머리가 긴 엄마가 생일 파티 하는 장면을 그려 넣었다.

집을 온전히 그려내지 못한 수영이나 섬뜩한 집을 그리는 성민이, 모든 가족들이 방을 하나씩 차지하고 있는 고양이집을 그린 율이 등 아이들의 집은 상상 이상의 집 그림이 되었다.

에피소드 14. 난 원래 나쁜 아이

정민이는 또래보다 키도 크고 얼굴도 잘생겼다.

첫인상이 참 좋은 아이였다.

그런데 학년이 올라가면서 점점 더 거칠어지고 남자들의 소위 서열 정리라는 것이 시작되면서 자신의 힘을 표출하기 시작했다.

차츰차츰 교사의 지적을 받는 횟수가 많아졌다.

이젠 매일 정민이의 행동에 힘들어하는 아이들이 생기고 있다.

남자아이들이 포켓몬 카드 놀이를 하는 게 유행이 되었다.

언제나 봄이 되면 포켓몬 카드는 빅 아이템이 된다.

일용이가 아이들이 좋아하는 포켓몬 카드를 들고 자랑을 했나 보다. 수업 중에도 카드를 꺼내 만지작거리고 놀다가 친구들의 밀고(?)를 당했다.

가장 일반적인 제재 방법으로 하교할 때까지 카드 압수를 한다.

"일용이 카드는 선생님이 보관하고 있다가 집에 갈 때 돌려줄 거야. 이제 수업 시간에 카드를 가지고 놀면 압수다."

수업을 마치고 급식 시간이 되어 다 함께 기다리던 점심을 먹었다.

배부름의 나른함과 충족감을 채우고 교실에 돌아와 보니 아까 압수해둔 포켓몬 카드가 없어졌다.

"누가 일용이 포켓몬 카드 가져갔나 봅니다? 일용이가 가져갔을까?"

"아니요. 전 안 가져갔어요."

"그럼 누가 가져갔을까? 가져간 사람 제자리에 갖다 두자."

수업이 끝나도 카드는 나타나지 않았다.

이런 일은 그냥 지나칠 수 없는 사안이다.

'바늘 도둑이 소도둑 된다'라는 말처럼 즉각적인 교정과 훈육이 이뤄져야 한다.

아이들 모두에게는 남의 것을 가져가면 안 된다는 경각심을, 견물생심한 아이에게는 압박감을 주어야 한다.

"너희 중에 분명히 한 사람은 본 사람이 있을 거야. 선생님이 쪽지를 하나씩 나눠줄 거야. 이 쪽지에 너희가 아는 사실을 적어주렴. 본 것이나 들은 것이나 생각한 것 다 적어도 됩니다."

아이들이 쪽지를 받아 들고 뭔가를 적기 시작했다.

'못 봤어요' '저는 모르는 일이어요'라고 쓴 아이들이 대부분이었는데 딱 한 명의 아이가 '이성이가 가져갔어요.'라고 썼다. 세상에 비밀은 없다는 걸 확인하는 순간이다.

아이들의 순수함과 감정을 믿어보기로 했다.

"여러분, 여러분은 어린이이기 때문에 실수할 수 있어요. 너무 가지고 싶어서 나도 모르게 가져간 친구가 있어요. 사람은 가끔 나도 모르게 잘못을 할 수 있어요. 아무도 모른다고 생각하지만 사실은 본 사람이 꼭 있어요. 카드를 가져간 친구는 어떤 사람이 되는 걸까요?"

잠시 숨을 고르고 슬픈 표정을 지어본다.

"음~~ 조용히 선생님에게 사실을 말하고 잘못을 고치겠다고 고백하면 이번에는 용서해 줄 생각입니다. 선생님이 CCTV를 보지 않게 해주세요."

잠시 후 쭈뼛거리며 이성이가 앞으로 나왔다. 주머니에서 한 묶음의 카드를 꺼내더니 그중 몇 장을 구별하여 내게 건네준다.

"이성아, 이 카드가 몰래 가져간 그 카드야?"

고개를 숙이고 있던 이성이가 천천히 고개를 끄덕인다. 다행히 아이들은 만들기를 하느라 정신이 팔려서 눈치를 못 채고 있었다.

남의 물건에 손을 대는 행위는 잘못하면 반복될 수 있기 때문에 단호한 조치를 취해야 한다. 이 사건 또한 배움의 장면으로 이어져야 한다. 이성이를 비롯한 우리 반 모두에게 큰 각성을 가지는 시간이 되어야 한다.

"세상에는 태어날 때부터 나쁜 사람은 없어요. 그런데 나쁜 짓인 줄 알면서 계속하면 진짜 나쁜 사람이 되는 거예요."

내 말이 끝나기가 무섭게 정민이가 말했다.

"태어날 때부터 나쁜 사람도 있어요."

"그런 사람이 어딨어? 정민아."

"있어요. 저는 태어날 때부터 나쁜 사람이었어요."

"아니야. 사람은 태어나기 전에 다 천사였어. 너도 천사였다가 세상을 이롭게 하려고 이 세상에 태어난 거야. 넌 나쁜 사람 아니고 소중한 사람이야."

'정민아, 너는 사랑받기 위해 태어난 사람이야.'

"우리 똑똑한 정민이는 왜 그런 생각을 했을까?"

"아닌데요, 저는 바본데요?"

"에이, 바보 아니야."

"아닌데요, 저는 멍충인데요?"

정민이는 이제 겨우 2학년이다. 이혼한 아버지로 인해 할머니 할아버지와 살고 있다. 아버지는 가끔 집에 오시고 할머니가 주 양육을 하고 계시다고 한다. 할머니는 정민이가 말을 안 들어서 걱정이라고 하셨다. 하지 말라고 하는 행동을 해서 다친 적도 여러 번 있다고 하셨다. 아마도 할머니, 할아버지가 사용하시는 언어 중에 바보, 멍충이라는 말이 있었던 건 아닌지?

오늘은 할머니와 전화통화를 해봐야겠다. 너무나 해맑게 당연하다는 듯이 자신을 나쁜 사람이라고 말하는 정민이, 더 많은 사랑이 필요한 아이이다.

에피소드 15. 왜요? 왜요?

태권도를 잘하는 민준이는 늘 태권도 띠를 허리에 매고 다닌다.

쉬는 시간이든 공부 시간이든 짬나는 대로 태권도 기본자세를 기합과 함께 취하곤 한다.

그러면 다른 친구들은 그 소리에 모든 생각을 빼앗겨 버리고 그 아이에게 집중한다.

어떤 아이는 박수를 치기도 한다.

"민준아, 태권도는 쉬는 시간에 하고 지금 하던 활동 마저 하자."

"옙 선생님, 죄송합니다." 절도 있는 목소리가 울려 퍼진다.

이러고는 앞으로 나와 넙죽 큰절을 한다.

처음에 제법 귀여운 행동이라고 생각했다.

손자 같은 녀석이 재롱부리는 것 같기도 했다.

그러나 이제는 공부 시간이건 쉬는 시간이건 가리지 않고 태권도를 한다.

그 아이의 정신세계는 태권도에 몰입되어 있었다.

오직 태권도 관장님만이 그 녀석의 행동을 제지한다고 한다.

무술의 강한 자극에 심취한 아이는 교실에서 해야 하는 만들기, 그리기, 색칠하기, 글쓰기 등의 잔잔한 활동에 재미를 느끼지 못한다.

그림을 그리다가도 종이접기를 하다가도 갑자기 일어나 태권 기본 동작과 발차기를 한다.

"민준아. 멈춰. 자리로 돌아가."

말이 끝나자마자 민준이가 슬라이딩을 하며 앞으로 쭉 미끄러져 교실 앞까지 나온다.

허리를 꼿꼿이 세우고 무릎을 꿇더니 두 손을 번쩍 들고 벌서는 자세를 취한다.

"민준아, 그런 자세는 좋은 게 아니야. 손 내리고 자리로 돌아가 앉아서 공부하자."

"넵 선생님!" 대답을 하고는 거수경례를 한다.

"와하하하~~~ 깔깔깔~~~~."

난감한 교사와 달리 아이들은 무척 재미있었나보다.

그렇게 한 달이 지나고 남다른 모습을 자주 접한 아이들은 이제 민준이에게 호의적이지 않다.

"선생님, 민준이가 태영이를 때렸어요."

"선생님, 민준이가 자꾸 욕해요."

"선생님, 민준이가 아직 안 들어왔어요."

민준이에게 맞은 친구, 민준이에게 욕을 먹은 친구, 민준이와 싸운 친구 등등 다른 아이들이 연일 민준이를 선생님께 이르기 시작했다.

"민준아, 친구를 때리면 안 돼. 친구는 사이좋게 지내야 하는 거야."

"왜요? 쟤도 나를 때렸어요. 그래서 나도 때렸는데요."

"민준아, 친구에게 욕하고 놀리면 친구 기분이 어떻겠어."

"왜요? 다른 애들도 욕하고 놀려요."

"민준아, ~~~~"

"왜요? ~~~~~"

"민준아, ~~~~~~"

"왜요? ~~~~~~"

오늘은 모두 함께 숨은그림찾기 놀이를 하면서 숨어있는 단어를 알아보는 시간이다.

정해진 시간 안에 숨은 그림을 다 찾은 아이는 이름을 불러주고 박수를 쳐준다.

"오늘 숨은그림찾기 왕은? 바로~~ 송태영!"

태영이는 상기된 얼굴로 활짝 웃으며 앞으로 나온다. 모두 박수를 치며 함성을 지른다.

태영이 머리에는 왕관이 씌워지고 두 손을 번쩍 들어 흔든다.

그때 민준이가 종이를 집어던지며 말을 한다.

"왜요. 나도 찾았단 말이에요."

"왜 태영이만 칭찬해요."

이후 우리 반 금지어가 하나 생겼다.

〈왜요-금지〉

에피소드 16. 최악의 날이 된 하루

오늘 수업은 재미있는 말놀이를 해보는 것이다.

교과서에 나오는 여러 가지 말놀이 활동을 모아서 모둠별로 다양한 말놀이를 체험해보게 하여 국어의 재미를 느껴보는 활동이다.

여섯 개의 모둠이 조직되었다. 수수께끼, 끝말잇기, 시장에 가면, 꽁지따기 말놀이, 낱말 찾기, 퀴즈 맞히기 등 여섯 개의 놀이 재료들이 바구니에 담겨있다. 각 모둠마다 바구니가 하나씩 자리하고 있었다.

선생님의 종소리에 맞춰 활동 바구니는 시계방향으로 돌아가야 한다.

"선생님 종소리가 나면 게임이 끝나는 거예요. 그럼 시계방향으로 바구니를 돌리세요. 이끔이, 알았죠?"

첫 번째 말놀이 활동이 끝나고 시계방향으로 돈다는 것을 아이들은 잊어버렸다. 바구니가 돌아가야 하는 방향이 엉켜버렸다.

2학년 만 일곱 살 아이들의 집중력이나 이해력의 지속성은 정말 짧다.

코로나라는 복병으로 1학년 학교생활을 건너뛴 아이들의 모둠 활동은 정말 힘든 일이 되었다.

나는 바구니를 순서대로 가게 하려고 이리 뛰고 저리 뛰었다.

점점 지쳐간다. 뒤에서 참관하는 선생님 눈길에 뒤꼭지가 후끈 하다.

40분 수업이 이리 길었단 말인가. 5교시 점심식사 후 온몸이 풀어진 여덟 살 아이들의 지루함과 달리 나는 지쳐버렸다. 그 와중에 통합반 학생, 규원이가 나의 온 신경을 잡아먹고 있었다.

다른 아이들은 어떻게 하고 있는지 보고 싶은데 이 아이 곁을 떠날 수가 없다. 모두를 향해 소리 지르는 것을 막아야 하기 때문이다. 소리를 지르는 순간 우리는 아무것도 할 수 없게 된다.

경미는 오늘도 목도리를 돌돌 말다 풀었다를 끝없이 하며 허공을 헤매고 있다.

성수는 낯선 사람이 들이닥친 이 상황이 못마땅한가 보다.

마음이 섬세하고 예민한 성수는 책상 밑에 들어가 고개를 처박고 나올 생각을 하지 않는다.

밝은 목소리로 발표도 하고 모둠 친구들을 잘 안내하던 믿었던 태양이가 갑자기 큰 소리로 말한다.

"오늘 최악의 날이었어~."

모든 어른들이 깜짝 놀랐다.

나도 참관 선생님도 다른 학부모들도 모두 일제히 그 아이를 쳐다보았다.

나는 얼굴이 빨개졌다. 심장이 쿵쾅거린다.

'망했다.'

그러나 그 아이의 다음 말이 우리 모두를 더 가슴 아프게 했다.

"우리 엄마는 어차피 안 봐. 우리 엄마는 절대로 안 봐."

"우리 엄마는 절대 안 와요."

엄마가 자신을 봐주기를 간절히 바랐다는 것을 그렇게 표현하고 있었다.

학부모 공개 수업에 함께하지 못한 엄마에 대한 분노로 그 아이는 이렇게 소리 지르고 있는 것이다.

그러더니 예상치 못한 행동을 하기 시작했다.

"선생님, 손가락이 따끔거려요."

갑자기 손가락이 따갑다면서 응석을 부리기 시작한다.

물론 태양이 손가락에는 아무 일도 일어나지 않았다.

"태양아, 선생님 진찰로는 손가락은 괜찮은 것 같아. 이렇게 만져도 안 따갑지?"

그러더니 갑자기 상황에 어울리지 않는 소리로 크게 웃었다. 내 얼굴에서는 식은땀이 흐른다. 내 얼굴은 점점 달아오르고 머릿속은 하얘지고 있다. 오늘 공개 수업은 태양이로 인해 마무리되지 못했다. 참관하던 선생님과 학부모들은 서둘러 교실을 빠져나갔고 무슨 일이 있었냐는 듯이 태양이는 쉬는 시간을 즐기고 있다.

달아오른 얼굴을 식히며 멍하니 아이들을 바라본다. 아무 생각도 나지 않는다.

에피소드 17. 심폐소생술 해주세요. 새가 죽어가요.

고요한 수업 시간이 지나고 시끌벅적한 급식 시간도 지나고 학교에도 오후의 나른함이 몰려온다.

노크도 없이 조용하던 보건실 문이 벌컥 열렸다.

남자아이 여럿이 허겁지겁 들어온다.

"선생님, 보건 선생님, 새가 죽어가요."

양손에 늘어진 새 한 마리를 들고는 소리 질렀다.

깜짝 놀라 일어난 나에게 동시다발로 아이들이 소리 지른다.

"선생님, 새가 죽었어요."

"선생님, 새가 운동장에 떨어져 있었어요."

"선생님, 심폐소생술 해야 해요."

"선생님, 우리가 봤는데 아직 죽지는 않은 것 같아요."

작은 보건실에 남자 꼬맹이들이 가득하고 그 아이들의 목소리는 창문을 넘어간다.

"어디 보자. 새를 책상 위에 내려놔 볼까."

치료용 작은 탁자 위에 새 한 마리가 누웠다.

새는 이미 오래전에 죽은 듯이 보였다.

"음, 안타깝지만 새가 이미 죽은 것 같아. 살릴 수 없어 보여."

아이들의 탄식 소리가 여기저기서 들려온다.

한 아이가 갑자기 생각났다는 듯이 소리 지른다.

"선생님, 새도 심폐소생술을 하면 살 수 있어요. 뉴스에서 봤어요. 쓰러진 할아버지도 심폐소생해서 살렸다고 했어요. 새도 심폐소생술 해주세요."

"맞아요. 맞아. 심폐소생술 해주세요."

차마 죽은 새를 만질 수는 없어서 두 손에 비닐장갑을 끼고는 이리저리 뒤척여보았다.

이미 죽은 지 꽤 시간이 흐른 것 같았다.

"얘들아, 이제부터 선생님이 해결해볼 테니까 너희들은 이제 교실에 가있어."

아이들은 도무지 새 곁을 떠나려고 하지 않는다.

어떻게든 아이들을 돌려보내야 했다.

마침 5교시를 알리는 벨 소리가 울려 퍼졌다.

습관이란 참 무서운 것이다.

벨 소리와 함께 아이들이 하나둘 보건실을 빠져나가고 이제 새와 나만 남았다.

비닐장갑을 낀 손으로 죽은 새를 키친타월로 둘둘 감았다.

아이들이 보지 못하도록 이 새를 처리해야 한다.

행정실 주사님께 연락을 드렸더니 보건실로 오셨다.

주사님과 나는 죽은 새와 작은 삽을 들고 학교 운동장 끝자락,

구석으로 갔다.

땅을 파고 새를 묻었다.

새에게 심폐소생술을 해달라던 아이들의 천진한 말들을 전해주면서 그 천진함과 사랑스러움에 소리 없는 미소가 흘러나왔다.

수업이 끝나면 그 아이들이 다시 몰려올 것이다.

심폐소생술을 해서 극적으로 살아난 새를 기대하면서…….

그 아이들이 마음을 다치지 않고 안심할 수 있는 말을 해주어야 한다.

"심폐소생술을 했더니 새가 살아났어. 그래서 날려 보냈어."

아니면

"얘들아, 안타깝지만 새를 살리지 못했어. 그래서 작은 무덤을 만들어 묻어주었단다."

아니면

"선생님이 할 수 없어서 동물 병원에 보냈어."

아니면

"……."

아무 말도 하지 않을까?

어떤 거짓말을 해야 아이들이 안심하고 일상으로 돌아갈 수 있을까 궁리를 해본다.

이런 따뜻한 마음을 잃어버리지 말고 모두를 사랑하는, 그런 어른이 되었으면 좋겠다. 얘들아~.

너희들 덕분에 오늘 행복했다.

에피소드 18. 선생님은 백 살

겨울 동안 부스스해진 머리 손질도 하고 오랜만에 화장도 하고 수업을 하러 들어갔다.

곱슬곱슬한 머리에 마스크를 쓰고 동그란 눈만 내놓은 내 모습에 아이들이 당황스러웠나보다.

"선생님, 파마하셨어요?"

"선생님, 염색하셨어요?"

"응, 어제 미용실에 가서 파마하고 왔어. 어떠니?"

"예뻐요."라는 말도 들리고

"화장은 왜 했어요?"라는 말도 들린다.

그러더니 갑자기 한 아이가 궁금한 듯 질문을 한다.

"선생님 결혼했어요?"

"그럼, 결혼했지."

파마와 결혼을 연결 짓는 근거 없는 질문에 웃음이 지어졌다.

"어제 하셨어요?"

무슨 소리일까? 내 머리 바뀐 날이 결혼한 날이라고 생각했나보다.

"아니, 그렇진 않은데~."

그랬더니 한 아이가 알았다는 듯이 확신에 찬 말을 내뱉는다.

"아, 그럼 한 달 되었구나."

이런 밑도 끝도 없는 아이들의 말, 1학년 아이들에게 긴 시간은 아마 한 달인가 보다.

"선생님, 몇 살이에요?"

20살을 시작으로 25살, 29살, 33살, 이렇게 나이를 점차 올리더니 한 아이가 콕 짚어 말한다.

"57살이죠?"

정확한 내 나이를 짚는 녀석에게 장난이 치고 싶어진 건지, 내 나이를 감추고 싶었던 건지 나도 모르게 다른 말이 튀어나왔다.

"난, 100살이야."

"에이 선생님, 100살이 어떻게 그렇게 서있어요?"

"선생님처럼 살면 100살이 돼도 이렇게 서서 행동할 수 있어."

"에이, 거짓말이다. 그치, 100살은 말도 안 돼."

여기저기서 수군수군 나름대로의 생각을 펼치며 선생님 나이를 두고 자기 주장을 펼치고 있다.

"자, 얘들아, 이제 그만! 오늘 뭐 할 건지 궁금하지? 지금부터 선생님 얘기를 좀 들어보렴!"

그새 하던 얘기들을 다 멈추고 온전히 나를 바라본다. 그 눈빛들을 보며 오늘 하루 웃을 일은 이미 다 웃어버린 것 같다.

너무 귀엽고, 너무 예쁘고, 너무 사랑스런 일곱 살 아이들의 세상을 본 나는 참 행복하다.

에피소드 19. 나폴레옹의 후예들

우리 학교에는 스포츠 클럽이 있다.

농구, 배드민턴, 피구, 배구, 줄넘기 등 다양한 종목이 있다.

이걸 하려면 따로 시간을 내야 하는데 어떤 종목은 이른 아침에 하기도 하고 어떤 종목은 방과 후에 하기도 하고, 어떤 종목은 점심시간을 이용하기도 한다.

그럼에도 불구하고 모든 종목에 아이들의 신청이 넘쳐난다.

〈여자 피구부 모집, 선착순 20명〉

선착순 모집으로 피구부 여학생들을 모집한다는 안내가 뜨자마자 여학생들이 우르르 체육관으로 몰려갔다.

움직임이 크고 활달한 아이, 덩치가 크고 힘이 센 아이, 호리호리해서 공에 맞으면 뼈가 부러질 것 같은 아이, 평소 차분하게 앉아있어 내성적이라 생각했던 의외의 아이들도 체육관으로 걸어가는 소리가 왁자지껄했다.

얼마의 시간이 흐른 후 서로 가입을 축하한다며 소란스런 소리가 복도를 스쳐 교실로 들어왔다.

일주일에 세 번 친구들이 등교하기 한 시간 전에 학교에 와서 피구 기본기를 익힌다고 한다.

일찍 출근하는 날이면 체육관에 들러 아이들이 연습하는 장면을 보고 온다.

어떤 날은 남자아이들이 공을 팡팡 튕기며 농구를 하고 있다.

오늘은 여자 피구 선수들이 공을 주고받으며 연습에 한창이다. 공을 던지는 스피드나 위력이 제법이다. 실력이 나날이 향상되고 있다.

한 대 맞으면 꽤 고통스러울 것 같기도 하다.

"얘들아, 우리 잠깐 인터뷰 좀 할까?"

아침 일찍 이렇게 등교해서 연습하는 아이들은 어떤 마음이며 학교라는 곳을 어떻게 생각하는지 듣고 싶어졌다.

"아침 일찍 학교 오는 게 힘들지는 않니?"

걱정스런 질문을 던졌더니 곧 합창 소리가 돌아왔다.

"네~에~, 힘들 때도 있지만, 그렇게 힘들지는 않아요."

"저는 원래 일찍 일어나요. 더 일찍 올 수도 있어요."

"저는 원래는 일찍 학교에 오는 사람이 아닌데 피구 연습하러 일찍 와요."

"힘들기는 한데 재미있어서 안 올 수가 없어요."

"저는 피구하는 날만 일찍 일어나요."

아침잠이라는 달콤함을 뿌리친 아이들의 생동감이 날아든다.

"피구하는 게 그렇게 좋니?"

"네. 공을 던져 나는 '팡팡' 소리가 좋습니다."

"피구를 하면 기분이 좋아요. 힘이 생기는 것 같아요."

"피구를 하면 건강해지는 것 같아요."

"피구가 그냥 정말 좋아요."

피구 같은 격한 운동을 싫어하는 나는 아이들의 생동감 넘치는 말에 놀랐다.

에너지가 넘치는 아이는 에너지를 쓰느라고, 에너지가 적은 아이는 에너지를 채우느라고 이 운동이 좋다고 한다.

아침 일찍 일어나 남보다 먼저 등교를 꾸준히 하는 일은 그리 쉬운 일은 아니다.

사람은 자기가 좋아하는 일은 힘들다고 투덜대지 않는다.

나폴레옹은 1797년 프랑스군을 이끌고 롬바르디아 지방을 점령하였다.

1800년경 프랑스군은 이탈리아 제노아에서 오스트리아군에 포위당해 있었다.

나폴레옹은 이 위기에서 프랑스에서 가장 빨리 제노아로 갈 수 있는 길은 알프스를 넘는 것이라는 판단을 내려 생베르나르 고개를 넘기로 결정했다.

1800년 5월, 알프스를 넘은 나폴레옹은 6월의 마렝고 전투에서 승리하여 이탈리아 원정을 성공으로 이끌 수 있었다.

나폴레옹에게 물었다.

"어떻게 그 험한 알프스를 넘으셨습니까?"

나폴레옹의 대답은 단순했다.

"거기에 알프스가 있었나요? 나는 이탈리아만 보였습니다."

이탈리아 정복이라는 거대 목표가 나폴레옹에게 험산 알프스를 보지 못하게 해준 것일까?

좋아하는 것, 하고 싶은 것을 찾아내고 그것을 하도록 격려하는 일을 잘 할 수 있다면 나도 미래의 나폴레옹을 키워낼 수 있을지도 모른다.

자크 루이 다비드(Jacques Louis David, 1748 Paris – 1825 Brüssel)
성 베르나르 협곡을 넘는 나폴레옹(1801년)

에피소드 20. 새둥지 놀이

교실 놀이 동아리 활동 시간을 아이들은 참 좋아한다.

요즘처럼 서로 사회적 거리를 두어야만 하는 때에는 적합하지 않은 놀이일지도 모른다.

3인이 한 팀이 되어 한 사람은 새가 되고, 두 사람은 손을 잡아 둥지를 만든 후 구호에 따라 움직이는 놀이이다.

"새야 날아라."

새가 된 아이만 움직여 다른 둥지를 찾아가야 한다. 둥지를 못 찾으면 탈락이다.

"둥지야 날아라."

새는 그 자리에 멈추고 손을 맞잡고 둥지가 된 아이들만 손을 꼭 잡고 움직여 다른 새를 찾아가야 한다. 다른 새를 못 찾으면 역시 둥지는 탈락자가 된다.

"모두 날아라."

새와 둥지 모두 각자도생해서 다른 새와 다른 둥지를 서로 찾아가야 한다. 이때는 새도 둥지도 탈락자가 생긴다.

25명 정도의 아이들이 한 교실에서 함께 지내기 때문에 언뜻 보기엔 서로 잘 알고 지낼 것 같지만 사실은 전혀 그렇지 않다.

붙임성이 좋아서 대부분의 아이들과 친하게 지내는 아이들도 있지만 1년 동안 친한 친구 한 명 만들지 못하고 학년을 마무리하는 친구들도 제법 있다.

소심하고 표현을 어려워하는 아이들이나 장난기가 너무 많은 아이들은 꽤 많은 소외감을 느끼기도 한다.

간단한 그림 동화를 읽고 인상 깊은 장면을 그려보게 한 후에 친구들로 하여금 마음에 드는 그림에 스티커를 붙여주는 활동을 한 적이 있다.

누가 봐도 멋진 장면이거나 재미있는 장면에 아이들이 스티커를 붙여주는 건 아니란 걸 그때 알았다.

아이들은 내가 좋아하는 친구가 그린 그림이나 글에 스티커를 붙여주곤 한다.

물론 모두가 다 그런 건 아니지만!

그래서 서로 몸을 비비며 놀 수 있고, 상대를 가리지 않아야 이길 수 있는 놀이를 찾다가 발견한 놀이가 바로 '새둥지 놀이'이다.

세 명이 짝을 이뤄 새와 둥지를 만들라고 하면 세 명씩 8팀을 만드는데 2~3팀 정도는 구성이 잘 안 된다.

자기가 좋아하는 친구랑 하고 싶은 마음이 커서 선뜻 남은 친구를 받아주지 않기 때문이다.

또는 꼭 새 역할만 하고 싶다고 고집을 부리다 팀을 구성하지 못하기도 한다.

한참을 기다리면 아이들이 친구를 압박하기 시작한다.

"야, 빨리 둥지 만들어. 우리가 놀이를 하지 못하잖아."

"진이야, 네가 둥지 해, 둥지라도 해?"

그러다 성질 급한 친구는 놀이의 역할을 억지로 쥐여 주면서 팀 구성을 선도한다.

놀이를 하고 싶어 하는 아이들의 마음을 건드려주면 두 번째 새둥지를 만들라는 미션에 금방 새둥지 팀이 완벽하게 이루어진다.

이런 놀이에 익숙하지 않은 아이들이 쭈뼛쭈뼛할 겨를이 없이 크게 외친다.

"새야 날아라."

그러면 새가 된 아이들은 다른 둥지를 찾아 부지런히 움직인다.

아주 소심한 친구에게도 기회가 생기는 이유는 새가 필요한 둥지 친구들이 남아있는 그 친구 이름을 목이 터져라 불러주기 때문이다.

결국 새로운 새둥지 팀이 완성되면 아이들 얼굴에 성취의 기쁨이 피어오른다.

'새야 날아라'를 다섯 번 정도 하다 보면 아이들에게 이제 어색함이란 찾아볼 수 없다.

선생님의 구호에 따라 새나 둥지를 빨리 찾느라 친한 친구나 안 친한 친구를 가릴 겨를이 없기 때문이다.

"둥지야 날아라."

아이들은 두 손을 꼭 잡고는 다른 새를 찾아 이리저리 뛰어다닌다.

"꺄아~~~~."

돌고래 소리를 지르거나 짝을 맞춘 새둥지 팀은 제자리에서 팔짝팔짝 뛴다.

어느새 나도 모르게 학급 친구 모두가 한 덩어리가 되어 새로운 짝을 찾아 이리저리 날아다니고 있다.

이 놀이를 하고 나면 모든 친구들이 동지가 되어간다.

친구와 사이좋게 지내라는 말이 필요하지 않다.

손에 손을 맞잡고 이리저리 뛰어다니다 보면 어색한 친구란 없다는 걸 몸으로 익히고 있기 때문이다.

친구가 친구를 자꾸 이르는 우리 반, 학폭 신고를 하겠다는 말을 입에 달고 사는 성민이와 아이들이 몸을 부대끼며 친해지게 하려는 몸부림으로 오늘도 나는 "새야 날아라"를 소리 높여 외친다.

에피소드 21. 문구점이 좋은 진이

어제부터 부슬부슬 내리던 봄비가 오늘 아침에도 여전히 부슬부슬 내린다.

우산으로 비를 피하며 터벅터벅 출근하는 길 골목 귀퉁이에 며칠째 서 있는 진이를 보았다.

큰 축대와 집 사이 후미진 골목, 사람이 잘 다니지 않는 곳에 서서 휴대폰을 보고 있다.

등교를 위해 집을 나섰지만 선뜻 학교로 향하지 않는 진이의 마음이 궁금해졌다.

"진이야, 학교 가자."

느닷없는 동행 요구에도 아무 말도 없이 나를 보더니 따라온다.

4학년이 된 진이는 1학년 입학했을 때부터 등굣길에서 자주 만나는 아이였다.

"뭐 하고 있었어? 누구랑 톡하는 거야?"

"게임하고 있었어요."

"게임 좋아하는구나."

"네."

"집은 어느 쪽이야?"

손가락으로 아까 서있던 그곳을 가리킨다.

그곳에 집이 있을까 하고 의아하게 생각했던 그 방향이다.

오랫동안 이 동네에서 살았지만 그곳에 집이 있을 거라는 생각은 해보지 않았다.

언젠가 시간이 되면 진이가 산다는 마을을 한번 돌아보아야겠다는 생각을 하며 같이 걸었다.

왼쪽에 있는 교문을 들어서야 하는데 진이는 교문을 지나쳐 그대로 가려고 한다.

진이를 급하게 불러 세웠다.

"진이야, 이쪽으로 가야지."

"뭐 살 게 있어요."

뒤도 돌아보지 않고 위쪽으로 걸어간다. 여전히 시선은 휴대폰에 꽂혀있다.

문구점을 향해 걸어간다.

문득 담임 선생님 이야기가 떠올랐다.

진이가 학교에 오지 않아서 어머니께 전화를 한 적이 여러 번 있었다고 한다.

가끔은 등교하다가 문구점에 들러서 물건을 사고는 그대로 집으로 돌아가기도 한다는 말을 떠올리며 교문 앞에서 헤어졌다.

때로 아파서 결석한다는 전화를 직접 하기도 했다는 것이다.

진이는 학교를 오기 싫어하는 등교 거부 학생이기도 하다.

진이 어머니는 결혼이주 여성이다.

필리핀 사람인 진이 어머니는 간혹 남다른 화려한 패션으로 길거리에서 만나곤 했다.

1학년 때만 해도 진이는 엄마와 나란히 걸으며 사이좋게 등교하는 모습을 보였었다.

어머니가 진이 가방을 들고 이야기를 도란도란 나누며 학교 현관 앞까지 같이 오는 모습을 종종 보았었다.

언제부터인지 두 사람의 등교 모습이 달라졌다. 진이는 앞에서 걷고 열 걸음 정도 뒤에서 진이 엄마가 뒤따라 걷는다.

마치 오래전 할머니 할아버지 두 분이 외출을 할 때면 할아버지는 앞에서 터벅터벅 걸어가시고 짐을 들거나 짐을 머리에 이신 할머니는 몇 걸음 뒤에서 종종거리던 모습과 영 닮아있다.

그러더니 이제 진이는 혼자서 걸어온다.

진이보다 늦게 출근하다 보면 가끔 진이 엄마가 아주 먼발치에서 진이를 바라보곤 하는 모습이 보인다.

그러다 나를 만나면 아직도 서툰 말로 인사를 한다.

"선생님, 오늘 섹시해."

"진이 학교 갔어."

"진이가 나랑 가는 거 싫어해."

진이는 엄마가 친구 엄마와 다른 것을 부끄러워한다.

진이가 언제쯤 세상에서 자기를 제일 사랑하는 엄마 마음을 이해하게 될까?

에피소드 22. 150조각 지우개

현이는 4학년이다.

1학년 때부터 4학년에 이르기까지 현이는 친구들과 학부모들의 불만과 이의제기가 끊임없이 일어났다고 한다. 학급에서 현이를 좋아하는 친구들은 없어 보인다.

그러더니 어느 날부터인가 친구와 문제가 생기면 현이가 교실에서 사라지곤 했다.

"현이야, 어디 갔다 왔니?"

수업에 느지막이 들어온 현이에게 물었다.

"제가 학폭을 당해서 교장 선생님께 이 문제를 해결해달라고 교장실에 다녀왔어요."

이 친구는 학교에서 자신과 관계되어 벌어지는 모든 일들이나 문제가 생기면 곧장 교장 선생님에게로 달려간다.

선생님이 문제를 제대로 해결하지 못해서 교장 선생님께 다녀왔다고 당당히 말한다.

그 아이는 그와 관계된 모든 문제를 학폭이라 부른다.

"선생님, 정민이가 저에게 학교폭력을 했어요."

그런데 실상 아이들에게 먼저 문제를 던져주는 사람은 현이였다.

친구들은 현이 물건을 함부로 만지면 안 된다.

친구들은 현이 몸에 손을 대면 안 된다.

친구들은 현이에게 왜 그러냐고 대들면 안 된다.

모든 경우에 현이는 이 아이들을 학폭으로 신고한다.

현이는 하고 싶은 말이나 욕을 사정없이 친구들에게 퍼붓는다.

현이는 자신에게 닿은 친구를 때리고 밀친다.

현이는 자기 마음이 풀릴 때까지 친구를 응징한다.

그리고 친구들이 학폭을 저질러서 그랬다고 말한다.

쉬는 시간에 책상 사이를 지나가다 자신의 몸을 스치기만 해도 학교폭력이라고 공격한다.

때리려고 공격하는 현이를 두 손으로 방어하기만 해도 학교폭력이 발생했다면서 현이는 곧장 교장실로 달려간다.

현이는 친구와 선생님 모두를 자신을 공격하는 사람이라고 생각하는 듯하다.

오늘은 지우개를 잘게 조각내더니 성민이를 향해 투척하고 있다. 쉬는 시간에 다툼이 있었는데 그 일로 정민이를 응징하고 있는 것이다.

"현이야, 그만해, 그만하라고~"

성민이는 더 이상 현이의 행동을 제지하지 않았다. 현이의 행동은 아무도 제지할 수 없다. 선생님의 타이름도 먹히지 않는다.

"선생님, 현이가 지우개를 몇 번 던졌는지 아세요? 제가 세어봤는데 150까지 셌어요."

이제 성민이와 학급 친구들은 더 이상 현이의 행동에 당황하거나 화를 내지 않는다.

성민이 자리 주변에는 조각난 지우개가 뒹굴고 있다.

우리 모두 책상을 옆으로 밀고 계획에 없었던 청소를 시작했다.

나는 수시로 현이의 행동을 기록하고 있다.

때로 행동이 자제되지 않을 때는 영상으로 찍기도 한다.

유일하게 현이가 행동을 멈출 때는 영상 촬영을 하려고 할 때이다. 모두가 틀리다고 말하는 현이가 사실은 그렇지 않다는 것을 알고 있는 것 같다. 현이에게는 대화가 필요하다. 회복적 대화가 필요하다. 사람이 아니라 문제를 들여다보는 대화가 필요하다.

오늘도 교실 영상을 찍었다.

그럴 때 현이가 이렇게 말한다.

"선생님, 제 얼굴이 나오면 초상권 침해하는 거 아시죠?"

"선생님, 지금 선을 넘으시네요."

'이 녀석아, 선을 넘는 건 바로 너야.'

에피소드 23. 불안하고 외로운 준이

1학년에 갓 입학한 준이는 너무 사랑스러운 아이였다.

키도 크고 얼굴이 뽀얀 귀티 나는 아이였다.

여러 명이 앉아 있어도 자태만으로도 눈길이 갔지만 교사의 질문에 거침없이 대답하는 요즘 보기 드문 지식인 어린아이였다.

얼굴 표정도 천진난만하고 구김살 없이 잘 자란 사랑스런 아이였다.

한 가지 아쉬운 것이 있다면 주변이 지저분하고 정리가 안되는 아이라는 것이다.

준이의 책상 주변은 책과 공책, 필기구, 잡다한 놀이 도구들로 늘 가득 차 흘러넘치곤 했다.

그러던 아이가 진급을 하더니 학급 반장이 되었다고 한다.

당연히 그럴만한 아이라는 이유 같지 않은 이유로 호의적인 칭찬을 아끼지 않았다.

그렇게 사랑스런 뽀얀 피부의 아이는 시간이 지날수록 선생님을 힘들게 하는 아이가 되어가고 있었다.

주변이 산만한 것은 이제 문제도 되지 않는다고 했다. 항상 시선이 친구들을 향해있고 수업 목표 도달을 못하는 것은 부지기수라고 했다.

"선생님, 준이는 약간 산만하기는 하지만 유머도 있고 아는 것도 많고 친구들에게 친절한 좋은 아이였어요."

준이 반에 오랜만에 수업을 하러 들어갔다.

반가운 얼굴들이 앉아있었고, 특히 준이는 그 특유의 밝은 표정으로 나를 맞이했다.

발표 잘하고 말도 잘하고 시원시원했던 준이가 수업에 집중을 하지 못했다.

시선은 늘 여러 곳으로 분산되어 있었고 자기 차례가 되어도 무엇을 하고 있었는지 엉뚱한 말을 하거나 어리둥절한 표정을 지어준다.

머릿속이 혼란해 보이는 모습이었다.

"준이야, 어제 무슨 일이 있었니? 오늘 준이가 집중을 잘 못하는구나."

"아니요. 선생님. 아무 일도 없었어요."

"아닌데. 선생님이 보던 준이가 아닌데 오늘 아침에 무슨 일이 있었니?"

한참을 생각하더니 이렇게 대답했다.

"아, 생각났어요. 어제 우리 엄마랑 아빠가 엄청 싸웠어요."

"준이 엄마 아빠가 싸워서 속상했구나."

속상한 준이에게 위로해줄 말을 찾고 있었는데 곧바로 준이가 이런 말을 했다.

"아니어요. 엄마 아빠가 싸워도 신경 쓰지 않아요. 나는 그냥 내 방에 들어가서 문을 닫고 컴퓨터 게임을 하면 돼요."

별일 아니라는 듯이 대수롭지 않게 말했다.

"얘들아, 우리 준이 엄마 아빠가 싸웠대. 많이 속상했나봐. 우리가 위로해주자."

아이들이 준이를 향해 고개를 돌렸다.

"준이야 괜찮아. 준이야 사랑해. 준이 파이팅!"

"선생님도 준이를 사랑해!"

모두 소리를 모아 이렇게 외쳐주었다. 머쓱한 표정을 짓던 준이가 바르게 앉았다.

그 이후 수업 시간 내내 준이는 잘 집중하고 교사를 바라보고 밝은 목소리로 대답 잘하는 준이로 돌아와 주었다.

준이 부모님의 다툼이 자주 있었던 것으로 보인다.

어린아이가 어른들의 다툼을, 특히 사랑하고 의지하는 엄마와 아빠가 한 공간에서 싸움을 한다는 현실을 직시해야 하는 건 힘든 일이다.

아무도 모르게 아이의 영혼을 어둡게 만드는 일이다.

어른들이 전혀 싸우지 않고 살아갈 순 없지만 사랑하는 자녀를 위해 지혜롭게 싸움을 하면 좋겠다.

조만간 기회가 된다면 부모님을 만나서 준이의 마음을 대변해 주고 싶다.

"두 분의 싸움이 준이를 외롭게 한답니다. 알고 계시나요?"

에피소드 24. 우리 반 깡패

그 녀석이 교실 문을 열고 들어온다. 그 아이가 들어올 때 나는 그 아이의 눈빛을 살핀다. 오늘 눈빛은 어제의 눈빛이 아니다.

'아, 오늘도 한바탕하겠구나.'

그 아이가 들어오는 순간 오늘 하루가 무난히 지나가게 될지, 난장판이 될지 판단할 수 있다.

'어떤 녀석이 오늘 그 아이 제물이 될 것인가?'

아니나 다를까 교실에 앉기 시작하자마자 영준이와 설왕설래를 시작하더니 책상을 탕탕 치며 악을 쓰기 시작한다. 고래고래 소리 지른다.

"선생님, 영준이가 내 이름을 놀려요."

"선생님, 영준이가 내 이름을 놀려요."

"선생님, 영준이가 내 이름을 놀려요."

이선수, 이 아이는 자기 이름을 싫어한다. 특히 자기 성을 싫어한다. 툭하면 이름에 단어를 붙여 별명처럼 부르는 걸 재미있어 하는 아이들은 선수에게 그렇게 부르다 큰코다친다.

"뭐라고 놀렸는데?"

"이순신이라고 불렀어요."

"이순신은 훌륭한 위인이야, 우리나라를 구한 분이야… 선생님이 제일 존경하는 위인!"

"그래도 싫어요. 난 이가 들어가는 게 다 싫어요."

선생님의 중재와 영준이의 변명에도 아랑곳없이 한바탕 몸싸움이 일어났다.

어떤 말에도 타협할 생각이 없어보인다.

우리 모두 싸움을 말리던 중재자로서의 자리를 물러났다.

'그렇게 싸워야 화가 풀린다면 한번 싸워보렴.'

책상을 치며 울고불고 대성통곡을 한다.

'도대체 오늘 아침 무슨 일이 있었던 거니?' 속 시원히 무엇이라고 말할 수도 없는 분노가 쌓인 어린아이~.

그렇게 분노가 쌓여 있는 걸 누가 풀어줄 수 있을까.

어르고 달래는 것도 이제 약효가 다한 모양이다.

그 녀석의 물품에 붙어있는 이름표에는 또박또박 〈대통령 이선수〉라고 인쇄되어 있었다.

그 아이는 가족의 꿈과 희망이었을 것이다.

오늘은 가족 이야기를 하는 수업이다. 아이들은 저마다 가족의 수와 자랑거리, 동생 때문에 속상한 얘기들을 풀어 놓았다. 선수도 자기 가족 이야기를 한다. 사실 선수는 이혼 가정이다. 아빠는 서울에서 사시고 선수는 외갓집에서 엄마와 산다. 선수의 가족 이야기는 엄마의 뒷담화로 시작되었다.

"우리 엄마는 맨날 화장만 해요."

"우리 엄마는~~~~."

"우리 엄마는~~~~."

아이의 마음을 무너뜨리는 분노를 가득 안고 학교로 향했던 그 발걸음은 얼마나 무거웠을까.

이런 날은 수업을 바로 시작하면 안 된다.

모두를 데리고 운동장으로 나갔다. 남자 한 줄, 여자 한 줄로 서서 운동장을 함께 뛴다. 철봉놀이도 하고 미끄럼도 타고, 시원한 운동장 수도꼭지에서 물도 한 모금 마시고는 교실로 돌아온다.

커다란 원이 그려진 도화지를 하나씩 나누어준다. 그 원 안에 생각나는 대로, 하고 싶은 대로 마음껏 표현을 해보라고 했다. 생각이 안 난다고 투덜거리던 몇 명의 아이들도 뭔가를 그리기 시작했다. 백지였던 도화지에 아이들의 생각이 담기기 시작한다. 참 신기하다. 도화지는 색색깔의 그림으로 글씨로 채워져가고 교실에는 평화로움이 드리워진다.

Part 3. 선생님들만 아는 이야기

에피소드 1. 내 별명은 '잡최 선생님'

우리 학교는 공기 좋고 물 맑은 청정지역이다.

산으로 빙 둘러싸인 학교 교정은 늘 푸름으로 가득하고 간간이 새 울음도 들을 수 있는 숲속 마을에 있다.

출근하는 길은 봄, 여름, 가을, 겨울 모두 다른 경치로 나를 설레게 하곤 한다.

한 학년이 한 반으로 구성되어 있어 모든 아이들은 형이고 동생이고 언니라고 불리기도 한다.

선생님들도 큰 학교 규모로 따지면 한 학년 정도의 인원이라 교사들 모두도 서로를 너무 잘 알고 있는 가족 같은 학교이다.

모든 교사가 모든 아이를 함께 가르치는 이상적인 학교이기도 하다.

모든 아이들 이름뿐 아니라 아이들의 특성까지 이해하고 있어서 모두가 담임 선생님이고 모두가 학급 아이들 같다.

올해도 어김없이 새 학년 새 학기가 시작되었다.

코흘리개 신입생 다섯 명이 1학년 신입생으로 입학을 하였고 더불어 아홉 명이 졸업을 하게 되어 전체 학생 수는 또 줄었다.

새로운 교장 선생님과 두 분의 선생님이 새로운 구성원으로 들어오셨다.

해마다 새로운 사람과 새로운 환경을 만드는 것도 재미있는 일 중에 하나이다.

코로나19는 여전히 멈출 기미를 보이지 않는다.

그렇지만 우리 학교처럼 작은 학교는 굳이 비대면 수업을 할 필요가 없어서 모두 등교를 하고 있는 실정이다.

다만 급식은 실시하지 않고 있다.

아이들은 수업을 빨리 마치고 집에 가서 점심 식사를 하도록 시간표를 조정하였다.

급식이 중단되면서 아이들을 하교시킨 후에 교사들은 혼자서 점심 식사를 해야 한다.

교실에서 각자 혼밥을 먹다 보니 모두들 배가 아닌 말이 고픈 상황이 되고 있다.

누구의 말로 시작되었는지 모르겠지만 어느새 나를 포함한 1, 2, 3학년 선생님들은 함께 식사를 하게 되었다.

각자 도시락을 싸와서 함께 나눠 먹는 모습이 급식이 시작되기 전 도시락을 먹던 그 시절로 돌아간 것 같다.

도시락 싸기가 귀찮아질 때쯤 1학년 선생님이 한 사람이 하루 식량을 책임지는 게 어떠냐며 의견을 제시하셨다.

한 명씩 돌아가며 점심을 준비해오면 3일에 한 번만 도시락을 준비하면 되니 다들 격하게 찬성을 했다.

하루를 수고하고 이틀을 즐기면 된다는 사실이 또 다른 재미를 가져다주었다.

"선생님, 오늘 메뉴는 뭐예요? 기대돼요. 요새는 밥 먹으러 학교에 오는 것 같아요."

우리 중 막내 선생님이 출근길에 만나자마자 밥 얘기를 하며 들떠 보인다.

함께 모여 담소를 나누며 내가 만든 음식을 맛있게 먹어준다는 사실 하나로 행복지수가 상승하는 것을 느낄 수 있었다.

나는 제법 음식 솜씨가 있어서인지 음식 만들기도 좋아한다. 내 음식을 맛있게 먹어줄 때 행복해진다.

당연히 맛있는 음식을 만들어낼 줄 안다.

혼자서 한 상을 거뜬히 차려낼 만큼 손도 빠른 편이다.

어제는 다들 먹어본 적이 없다는 어묵잡채를 만들어갔다.

어묵 세 장을 돌돌돌 말아 채를 썬다.

양파와 당근도 채를 썬다.

신선한 부추는 4등분하여 썰고 3색 파프리카를 가늘게 썬다.

칼칼한 맛을 위해 청양고추도 아주 가늘게 썰었다.

색색깔의 채소를 썰어놓고 보니 마치 꽃밭 같아 보였다.

간장, 설탕, 올리고당, 굴소스, 후추, 식용유, 다시마 물을 넣고 잘 섞어 놓는다.

고추기름을 프라이팬에 두르고 각종 야채를 살짝 볶아 준다.

따로 어묵을 노릇노릇하게 볶아준다.

만들어놓은 소스를 프라이팬에 붓고 불은 당면을 넣어 볶다가 양념이 다 졸은 듯하면 각종 채소와 어묵을 넣고 빨리 볶아준다.

깨소금을 솔솔 뿌린 후 먹으면 세상에서 제일 맛있는 어묵 잡채가 완성된다.

이 잡채는 흔히 먹는 잡채보다 훨씬 맛있다.

잡채와 잡곡밥, 각종 쌈채소를 펼쳐놓고 먹으려던 순간 복도를 지나가시던 교장 선생님을 보았다.

분명 고소한 냄새를 맡으셨을 거라 생각하니 그냥 지나가시도록 두는 게 맘이 편치 않았다.

"교장 선생님, 식사하셨어요? 식사 안 하셨으면 저희랑 같이 식사하실래요?"

얼른 복도로 나가 교장 선생님께 식사 초대를 하였다.

"저는 같이 하고 싶지만 제가 들어가는 것이 분위기를 깨뜨릴 것 같은데 괜찮으시겠습니까?"

말씀은 그렇게 하시면서 냉큼 교실로 들어오셨다.

세 명이 네 명으로 확장되니 이야깃거리도 많아지고 음식에 대한 칭찬도 더해지면서 화기애애한 가운데 점심 식사를 마쳤다.

깜짝 게스트로 오신 교장 선생님이 이야기 한구석을 맡아주셔서 더욱 즐거운 시간이었다.

여전히 맛있는 점심을 먹으며 기분 좋은 하루하루가 지나가고 있었다.

며칠 후 수업을 끝내고 정리하고 있는데 인터폰이 울렸다.

"최 선생님, 교장입니다. 저번에는 너무 맛있는 점심을 먹었습니다. 차 한잔 드리고 싶은데 시간이 괜찮으십니까?"

"답장은 마음으로 받겠습니다. 맛있게 드셔 주셔서 감사합니다. 교장 선생님."

인사를 드리고 끊으려고 하니 꼭 교장실에 들러달라는 말씀을 덧붙이신다.

잠깐 망설이다가 교장실로 걸음을 옮겼다.

환한 미소로 반갑게 맞아주시는 교장 선생님 덕분에 편안한 마음으로 차를 홀짝거리며 앉아있었다.

출퇴근 이야기, 아이들 이야기를 나누다 며칠 전 먹은 점심이 맛있었다는 말씀도 들었다. 자연스럽게 잡채 이야기로 이어졌다.

"최 선생님, 선생님이 만드신 그 잡채는 세상에서 처음 먹어본 잡채였어요. 너무너무 맛있게 먹었어요. 어떻게 그렇게 맛있는 잡채를 만드실 수가 있어요. 솜씨가 일류 요리사입니다."

과한 칭찬에 몸 둘 바를 몰라 하며 앉아있었다.

칭찬은 나를 춤추게 하나보다.

"별 말씀을 다 하셔요~~. 호호호, 언제 기회 되면 다시 한번 잡채를 해드릴게요."

칭찬에 대한 화답으로 맘에도 없는 말이 불쑥 튀어나왔다.

그때 기다렸다는 듯이 교장 선생님의 말씀이 이어졌다.

"허허허, 그렇게 말씀해 주셔서 감사합니다. 그러실 줄 알고 미리 통을 하나 가져왔습니다."

원래부터 있었던 통인지, 아니면 진짜 가져오신 통인지 모르겠지만 어느새 내 앞에 플라스틱 통이 하나 놓여졌다.

"어머, 진짜 맛있게 드셨나 봅니다. 제가 워낙 음식 솜씨가 있다보니 종종 음식 요청을 받아요."

기분 좋음과 당황함 언저리에서 교장실을 나오던 나를 새내기 선생님이 보셨다.

"선생님, 오늘 달걀말이 진짜 맛있었어요. 선생님은 어쩜 그렇게 요리를 잘하세요?"

가만히 웃고 있는 내게 질문을 하셨다.

"선생님, 이 통은 뭐예요?"

나는 교장 선생님과 나눴던 대화를 들려주었다. 선생님은 한참을 배를 잡고 웃더니 한마디를 던졌다.

"선생님, 선생님 좋은 별명이 생각났어요. 음~ 그러니까 이제부터 선생님은요, 최선경 선생님이 아니라 잡최선경 선생님으로 부를게요. 잡최, 선경샘, 와하하하~"

에피소드 2. 레지던트 교사

나는 이제 3개월 차에 들어가는 신규교사다.

두근거리는 마음으로 발령장을 들고 알록달록 건물이 예쁜 초등학교로 첫 출근하던 때가 기억난다.

예쁜 아이들과 선배 선생님들이 나를 반겨줄 것이라는 근거 없는 설렘이 가득했었다.

그러나 3개월은 혼란과 당황스러움의 연속이 되었다.

출근과 동시에 나의 하루는 낯선 일들을 어떻게든 해결해내야 하는 과제 해결 전투장이 되었다.

여태까지 접해보지 못한 생소한 단어들과 그 단어가 가지고 있는 의미를 이해해야 했다.

대부분의 선생님들은 당연히 알고 사용하는 단어들에 나만 낯설어하고 당황한다.

가장 대표적인 사례로는 학교 업무를 하기 위해 사용해야 하는 '업무포털'이라는 프로그램이 있다.

이 프로그램은 학교에서 벌어지는 모든 활동과 모든 역할이 주어지는 인터넷 학교이다.

학생들 성적과 생활 기록도 하고, 문제를 일으키는 학생들의 하루를 누가 기록으로 남겨야 한다.

오늘 내가 출근하는지, 조퇴를 하는지, 출장을 가는지 등등도 모두 기록하고 결재를 받아야 한다.

학생들에게 사용해야 하는 국가에서 지급된 돈을 사용할 때도 이 프로그램 안에서 결재가 이루어져야 돈도 쓸 수 있다.

모든 정보를 담당하시는 '정보부장 선생님'께서 신규교사들을 컴퓨터실에 모이라고 하셨다.

'업무포털' 사용 방법을, 해당 화면을 열고는 각 사용법을 설명해 주신다.

"공인인증서로 들어오세요."

'공인 인증서?'

"신규 선생님들 메일로 인증서가 왔을 거예요. 확인하셨죠?"

'아, 그거를 말하는 거구나.'

서둘러 메일을 열어 인증서를 확인하고 그걸 안내된 컴퓨터 프로그램 중에 삽입한다.

"화면이 열리십니까? 업무포털이라는 첫 화면이 뜨나요?"

'네. 열렸어요.' 대답이 밖으로 나오지 않는다.

"왼쪽을 봐주세요. 거기에 보면 ~~~~~."

각 메뉴에 대해 설명이 이어지고 상단에 있는 메뉴에 대한 설명이 계속된다.

"설명을 들으면서 하나씩 다 확인해보셔야 혼자서도 이 프로그램을 사용할 수 있습니다. 학교 회계 들어가서 보셨나요?"

끝도 없어 보이는 각 메뉴를 눌러보고 하부 메뉴도 들어가 보고 다른 선생님들의 기안문도 읽어보았다.

눈으로 보긴 했으나 무슨 말인지, 언제 사용하게 되는 것인지 설명을 들을수록 더 아득해지고 있다.

"에듀파인을 열어주세요."

"에듀파인이 어디 있어요? 저는 안 보이는데요?"

위쪽 상단에 있는 메뉴를 왼쪽 메뉴에서 열심히 찾아보았으니 에듀파인을 찾을 수가 없었다.

"선생님들이 학교 돈을 사용하시려면 꼭 이곳에서 기안을 해야 합니다. 품의 목록으로 들어가 보겠습니다. ~~~~."

'학교 돈 사용하려면 이렇게 복잡한 과정을 거쳐야 된다니. 웬만하면 돈 쓰는 일이 나한테 없었으면 좋겠다.'

컴퓨터 화면을 뚫어지게 쳐다보면서 마우스를 꾹꾹 누르고 부장 선생님 말씀에 따라 들어갔다 나갔다를 반복하고 있다.

"자, 이번엔 나이스에 들어가 주세요."

"나이스 없는데요. 선생님."

다른 남자 신규교사가 큰 소리로 말한다.

아마 나처럼 메뉴가 없는 쪽에서 찾고 있는 모양이다.

부장 선생님이 슬금슬금 걸어가신다.

"에듀파인 창을 닫으셔야지요. 요기 위 탭에 나이스 항목이 있을 거예요."

그 신규 선생님이 왜 나이스 메뉴를 못 찾는지 보지도 않고 알고 계시다는 듯이 말씀하신다.

부장 선생님은 지금쯤 속이 부글부글 끓고 있을지도 모른다.

이런 주고받기를 한 시간째 하고 있다.

"네, 나이스 찾았어요."

"상신을 해보도록 하겠습니다. 여러분의 복무와 가장 깊은 연관이 있는 화면입니다. 이걸 잘하셔야 조퇴도 할 수 있습니다."

'상신이란 단어, 참 생소하다. 무슨 의미일까? 조퇴할 수 있는 메뉴라니~.'

생신이 아니고 상신이라는 것, 출장을 갈 때는 국내 출장과 국외 출장이 있다는 것을 알았다.

교사도 국외 출장을 갈 수 있다는 것, 연수도 여비를 받고 가는 출장 연수와 학교에 출근하지 않을 때, 예를 들면 방학에는 여비를 받지 않는 41조 연수가 있다는 것도 알았다.

정보부장 선생님의 말 속에는 처음 들어보는 어색한 단어들이 줄줄이 나온다.

그렇게 어려운 단어와 프로그램을 술술 해결해나가는 여리여리한 정보부장 선생님이 너무 대단해 보인다.

언젠가는 나도 앞에 계신 저 선생님처럼 이 모든 게 익숙해지는 시간이 올 것이다.

그때 나는 나 같은 신규교사에게 아주 천천히 하나씩 차근차근이 어려운 프로그램을 설명해줄 것이다.

열심히 절차에 따라 시뮬레이션을 해보지만 다음 단계로 넘어가기 전에 나는 전혀 이해하지 못하고 있다.

'학습을 이해하지 못한 채 수업을 하는 아이들 마음이 이럴까? 아이들의 수업 속도가 더디다고 야단치지 말아야지!'

한 시간 동안 컴퓨터 화면 여기저기를 돌아다니다 드디어 '신규교사를 위한 프로그램 이해 교육'이 끝이 났다.

오늘 학습 목표는 아마도 〈업무용 업무포털 완전 이해하기〉일 것이다.

나는 업무포털이 있다는 것과 이 안에서 모든 업무가 이루어지고 기록된다는 사실만 이해했다.

학습목표에 충분히 도달하지 못한 아쉬움으로 마무리하게 된 하루!

아! 힘들고 고단한 하루가 지나갔다.

에피소드 3. 5월의 에어컨은 안 되나요?

계절의 여왕 5월이 되었다.

그러나 날씨는 중심을 잃은 것 같았다.

신선하던 봄날이 급하게 여름이 되었다. 요새는 봄을 느끼기도 전에 여름이 성큼 다가온다.

아이들이 가장 좋아하는 체육시간이 끝났다.

땀을 흘리고 온 6학년 아이들은 벌겋게 달아오른 얼굴에 더운 숨을 내쉬며 헐떡거린다.

우리 교실은 4층 꼭대기에 자리 잡고 있어서 여름엔 훨씬 덥고 겨울엔 매우 춥다.

여름이면 교실이 달아올라 에어컨을 켜도 더위가 가시지 않는다.

24명의 학생이 생활하도록 설계된 좁은 공간에 26명, 나까지 27명이 우글거리기 때문이다.

교실로 들어온 아이들은 난리가 났다.

"선생님, 더워요. 에어컨 좀 틀어주세요."

"선생님, 더워 죽을 거 같아요."

"선생님, 살려주세요."

아이들의 아우성이 교실을 휘청이게 했다.

"알았다. 잠시 기다려."

위풍도 당당하게 아이들을 진정시키고 에어컨을 틀었다.

앗, 그런데 이게 웬일인가, 뜨거운 바람이 나온다.

"선생님~~~ 뜨거운 바람이 나와요. 에어컨 꺼요."

마음도 손도 다급해졌다.

에어컨을 틀어 교실을 시원하게 하는 일이 지금 내가 해야 하는 일이다. 아이들을 진정시켜 자리에 앉히고 교내폰을 들었다.

"실장님, 6학년 교실에 에어컨 좀 틀어주세요. 체육 수업하고 온 아이들이 너무 더워합니다."

실장님이 친절하지만 단호하게 거절하신다.

"교장 선생님 허락을 받아야 틀어드릴 수 있어요."

'헐, 에어컨을 켜는 것도 일일이 교장 선생님 허락을 받아야 한다고? 학교의 시스템이 아이들을 위해 존재하는 게 아니라고?'

갑자기 이런 생각을 하니 아이들을 위해 뭔가 해야겠다는 생각이 들었다.

앞으로 더운 날만 있을 거라면 이 사태를 내가 해결해야겠다는 마음으로 교장실을 찾아갔다.

교장 선생님이 안 계셨다.

교장 선생님께 전화를 드렸다.

"교장 선생님, 에어컨을 틀어주세요. 체육을 하고 온 아이들이 너무 더워합니다."

다음 날 부장 선생님이 수업이 끝나자마자 교사 회의를 열었다.

"앞으로 교장 선생님께 하고 싶은 말이 있으면 절차를 밟아서 부장을 통해서 하도록 하라는 교장 선생님 말씀입니다."

어제 내 행동에 대한 말씀인 것 같았다. 사회 초년생, 교사 초년생인 나는 의견을 전달하는 방법이 따로 존재한다는 사실을 이해했다.

부장 선생님은 이런 말씀을 덧붙이셨다.

"학교 내부적으로 에어컨 작동을 5월 중순 이후로 하기로 계획되어 있었다고 합니다."

에피소드 4. 부상당한 어른 천사들

핀란드 사람들이 가장 사랑하는 작품 〈부상당한 천사〉라는 그림이 있다.

핀란드의 국민 화가 후고 심베리의 그림이다.

핀란드인이면 누구나 좋아하는 그림이라고 한다.

화가는 그림 속에 있는 배경이나 인물 등 모든 것들에 의미를 부여한다. 그래서 그림을 보는 관점에 따라 해석이 달라지기도 한다.

그림 속 두 소년이 천사를 들것에 싣고 어디론가 가고 있다.

천사는 부상을 심하게 입었는지 몸을 앞으로 구부린 채 두 손으로 들것을 잡고 있다.

천사의 상처 난 두 눈은 흰 스카프로 동여맸고 왼쪽 날개 끝부분이 찢어져 있다.

새하얀 날개는 여기저기 핏자국으로 얼룩져 있고 천사의 흰옷은 땅에 닿아 흙바닥을 훑는다.

두 소년들의 얼굴 표정이 어둡다.

화가 난 건지 슬픈 건지 그 감정을 읽기가 쉽지는 않아 보인다.

천사는 그 와중에도 꽃을 잡은 채로 들것을 의지하고 어디론가 실려 가고 있다.

천사는 두 소년에 비해 너무 연약해 보인다.

오랜만에 저경력 선생님들과 저녁 식사를 했다.

주제는 언제나 교실 문제, 학생 문제, 그리고 학생들의 부모들 이야기로 이어진다.

요즘에는 부모들 이야기가 자꾸 늘어나고 있는 추세이다.

어깨가 축 처진 선생님들에게 내가 해줄 수 있는 건 별로 없다.

"선생님, 밥 먹으러 갈래요? 우리 카페 가서 수다 떨까요?"

퇴근 후 가끔 칼국수도 먹고, 도넛도 먹으러 간다.

삶에 대한 이런저런 이야기를 나누다 봄 처녀같이 여리여리한 선생님이 이런 말을 한다.

"수석 선생님, 저는 가끔 교실에서 벌어지는 황당한 일을 꿈으로 꿔요."

"어떤 꿈을 꾸는데요?"

머뭇거리던 선생님이 말을 이어간다.

"자주 꿈을 꾸는데 며칠 전에는 교실에서 학생에게 뺨을 두 대 맞아서 너무 억울하고 속상해서 벌벌 떨다가 깼어요. 꿈이라서 천만다행이었어요."

우리 모두 깜짝 놀랐다.

아이들이 공부를 안 해서 애를 쓴다거나 아이들이 위험한 상황에 처했는데 못 구하게 된다거나 하는 꿈은 나도 꾼 적이 있다.

하지만 아이들에게 맞는 꿈을 꿔보진 않았다.

그런 일은 생각도 해본 적이 없었다.

"선생님이 아이들 때문에 요새 스트레스를 많이 받는군요."

"그런가 봐요. 그런 꿈을 꾸는 날에는 하루가 너무 피곤해요."

가슴이 답답해졌다.

에너지가 철철 넘쳐야 하는 팔팔한 선생님들이 아이들로 인해 악몽을 꾸고 있다는 현실이 먹먹해졌다.

그 이야기를 듣던 남자 선생님이 깜짝 놀라며 한마디를 한다.

"어! 저도 가끔 교실에서 벌어지는 황당한 일을 꿈으로 꿔요. 어떨 때는 며칠째 같은 꿈을 꾸기도 해요."

봄 처녀 같은 선생님이 연이어 말한다.

"아, 나도 같은 장면을 이어서 며칠째 꾸기도 해요. 진짜 신기하다. 나만 그런 줄 알았어요. 선생님도 그렇다니 왜 위로가 되죠?"

동병상련의 아픔을 함께 느낀다는 걸 아는 것만으로도 위로가 되는 모양이다.

"교실 현장이 꿈에 악몽으로 나오나봐요?"

"그런 것 같아요."

"큰일 났네. 수업하는 교실 현장이 선생님을 꿈에서도 억압하는 현실이 되었네요."

워낙 말이 없는 편이어서 무난히 교사생활을 잘 하고 있다고 생각한 김 선생님이 가만히 듣더니 이렇게 말을 한다.

"저는 그런 적이 없었는데요, 요즘 들어 자주 구내염이 생겨요.

하나씩 생기더니 이젠 세 개가 생겨서 음식 먹기가 힘들어요."

혼자 끙끙 앓고 있던 선생님들이 말을 토해내기 시작했다. 동병상련! 서로가 서로를 토닥토닥한다.

스트레스가 신체적 고통으로 찾아오고 있나보다.

"어쩐지 선생님이 잘 드시지 않는 것 같았어요. 먹는 걸 그리 좋아하지 않는다고만 생각했어요."

이런 이야기를 들으면서 가만히 선생님들의 얼굴을 들여다보았다.

교사로 서기 위해 고통의 관문을 통과하는 것일까?

30년 전 나도 이랬었나?

아무리 생각해도 아이들 때문에 악몽을 꾸거나 병이 나거나 한 적이 없는 것 같았다.

교사로서 지내는 시간이 힘들었던 것 같지 않다.

나도 요즘 교사로서 살아가기가 힘들어졌다고 느껴진다.

예전에 아이들이나 학부모들은 선생님이라는 사람을 지금보다 더 사랑해줬던 것 같다.

나는 사랑받았다는 느낌이 더 많은 선생이었었다.

예전에는 하늘을 날아다니며 사람들을 돕고 사람들의 사랑을 받던 천사들이 이젠 상처 입은 천사가 되어가고 있다.

선생님들이 점점 상처를 입어가고 있다.

선생님도 아이도 행복한 학교생활이 이젠 그냥 꿈이 되어버린 걸까.

후고 심베리 '상처 입은 천사', 1903년.

에피소드 5. 3년 차 햇병아리 교사의 고백

나는 선배 교사들이 말하는 3년 차 햇병아리를 간신히 넘긴 교사이다.

레지던트 과정을 끝내고 본격적으로 학생을 인격적으로 지도할 수 있는 경지에 올랐다고 인정받기도 할 연차이다.

5학년 학생이었던 아이가 세월이 흘러 5학년 담임 선생님이 되었다.

새 학년 새 느낌으로 약간의 설렘과 멋진 학급 운영으로의 다짐과 함께 첫 수업을 열었다.

공부는 태도가 중요하다.

첫 시간, 첫 수업 시간은 학생들 사이를 순회하면서 아이들의 학습 태도를 확인했다.

한 아이의 책상 위에 교과서가 준비되지 않았다.

아이에게 교과서를 꺼낼 것을 친절히 주문했다.

잠시 후 부랴부랴 책을 펴고 손에는 연필을 잡는 것이다.

아주 평화로운 수업 시간이 되고 있다고 생각했다.

학생들이 과제를 수행하는 동안 천천히 전체 아이들의 활동 상태를 확인하며 교실 한 바퀴를 돌았다.

다시 그 아이에게 다가갔다.

교과서는 펴져있고 손에는 연필이 들려있으나 아무것도 한 흔적이 보이지 않는다.

"인영아, 시간이 흘렀는데 아직 아무것도 표현된 것이 없네? 다시 설명해 줄까?"

그 아이를 처음 본 인상으로는 5학년 과정을 힘들어할 것 같지 않아서 의아한 마음에 질문을 던져보았다.

그리고 그 아이 옆에서 잠시 멈추고 도울 자세를 취하고 있었다.

"재는 원래 그런 애예요."

"작년에는 수업 시간에 잠을 잤어요."

작년에 같은 반이었던 학생들이 그 아이에 대한 이야기를 하기 시작했다.

그럼에도 첫 수업부터 학생이 하고 싶은 대로, 원하는 방향으로 둘 수 없다고 판단하였고 지독하게 기다리기로 했다.

다음 수업을 위해 시간적 압박이 있었지만 이 문제는 그냥 덮어둘 문제는 아니라고 생각했다.

'첫 단추를 잘 끼우는 게 중요한 일이다.'

'행동은 훈련을 통해 수정될 수도 있다. 나는 교사다.'

짧은 순간 내 머릿속에 내가 어떤 자세를 취해야 할지 생각했다.

이 아이의 행동은 자신에게도 주변 친구들에게도 좋은 영향을 주진 못할 것 같았다.

지금 습관을 잘못 들이면 일 년 내내 수업하는 교사 입장에서도, 주변 아이들에게도, 그 학생의 학업 성취 면에서도 좋지 않을 것 같다고 생각했다.

과제를 잘 수행하는 아이들에게 '안 해도 아무렇지 않구나'의 선례를 남기고 싶지 않았다.

이상하게도 나쁜 영향은 빠르게 퍼져나가는 경향이 있다.

그날 급식 후 학교에 남아 4시까지 하지 못한 과제를 함께 완성하도록 하였다.

4월이 다 지나가는 지금 그 아이는 수업 중 하지 못한 과제를 더 이상 남아서 보충학습을 하지는 않는다.

아마도 노는 시간이 줄어드는 것에 불편함을 느낀 것이 가장 큰 이유일 것이다.

충분히 해낼 수 있는 역량을 가진 학생이었지만 코로나로 인한 비대면 수업으로 학습 과제 해결 완료의 성취감을 잃어버렸던 것 같다.

개인 사정으로 인해 학습을 하지 않아도 되는 상황이 지속됐을 것이라 판단된다.

일 년이라는 시간은 그 아이에게나 교사에게 쉽지 않은 시간이 될 것이다.

그러나 일 년 후에 이전과는 다른 배움의 즐거움과 성취감을 느끼는 학생으로 변화되어있을 그 아이의 미래를 그려보며 오늘도 또 함께 걸어가려고 한다.

에피소드 6. 10년 차 경력 교사의 고민

육아 휴직을 하고 잠시 경력이 단절되었었다. 3년 만에 복직을 하고는 전담교사로 또 3년을 보냈다.

몇 년 만에 정말 오랜만에 담임 선생님이 되었다.

전담교사의 역할은 비교적 단순하다.

그 과목을 재미있게 재구성해서 학생들이 활동을 통해 학습목표에 도달하도록 수업 계획을 잘 짜면 되는 것이다.

물론 이 과정이 쉽지는 않지만 이 정도만 잘해도 아이들의 마음을 쉽게 얻을 수 있다.

생활지도라는 것으로 아이들을 관리하지 않아도 되기 때문에 마음도 편한 측면이 있다.

담임 선생님!

그가 감당해야 하는 영역은 전방위적이다.

수업, 학생, 학부모, 생활지도, 인성교육, 거기에 선비교육도 얹혀있고 가장 중요한 것은 안전을 책임져야 하는 것이다.

가르치기만 하는 것이 아니라 교실 안에서 건강한 공동체를 형성하도록 도와야 한다.

신학기가 시작되자 몇 해 동안 못 느꼈던 약간의 설렘으로 심장이 뜨거워진다.

오랜만에 하는 담임의 역할 수행으로 학기 초에는 수업보다 다른 곁가지들로 분주한 시간을 보냈다.

담임 선생님이 해야 하는 일들은 아주 소소하지만 하지 않으면 안 되는 백만 가지(?) 자잘한 일들이 줄을 지어있었다.

쉬는 시간 10분은 다음 수업을 위해 푹 쉬거나 아니면 아이들과 짬짬이 소통하는 시간을 가져야 하는데 그러지 못했다.

전 수업에서 미진한 아이들이 늘 기다리고 있었다.

아이들은 자기들끼리 놀기도 하지만 틈만 나면 나를 찾아 고자질을 해댄다.

그 사이 나는 다음 수업을 위해 무엇을 가르쳐야 하는지 빨리 훑어보는 시간으로 쓰기도 했다.

다음 수업 준비도 덜 된 상태인데 아이들은 자꾸 내 곁에 와 이런저런 이야기들을 쏟아낸다.

아이들은 신기하게도 선생님이 그 누구와 이야기를 하고 있어도 개의치 않고 자신들의 이야기를 속사포같이 옆에서 쏟아낸다.

기다림이란 교실에서 사치스런 일이 되었다.

교실의 소음과 내 마음의 분주함으로 고개만 끄덕이거나 짧은 답변으로 그렇게 시간을 보내버렸다.

몸이 따라주지 않는데 마음은 언제나 바쁘고 분주하다.

내가 제일 어려웠던 과목은 음악 수업이다.

몇 년 동안 음악 수업의 트렌드가 바뀌었다.

그리고 전 학교에서는 음악을 전담해주는 전담 선생님이 계셔서 음악 수업을 해본 적이 없었다.

음악 수업이란 보통 새 노래를 배우고, 연주도 해보고, 화음을 넣어 합창을 하기도 한다.

화음을 배우고 나면 8마디 정도 작사, 작곡을 해본다.

세계 여러 나라의 음악을 감상하고 작곡가에 대한 이해를 높이거나 좋아하게 하면 되었었다.

그. 런. 데. 창작 수업이 달라졌다.

계이름을 적절히 박자에 맞춰 넣어보는 수준이 아닌 랩을 만들어 노래해보는 활동을 해야 한다.

랩이라니?

제대로 된 노래도 제대로 해본 지가 언제인가?

1년에 두세 번 가던 노래방도 3년째 두문불출했어서 노래 부르기조차 어색하다.

쇼미더머니 프로그램이 10회를 넘어간다고 하는데 나는 한 번도 본 적이 없고 관심도 없다.

육아와 직장을 병행하는 워킹맘은 사실 TV를 보기도 힘들다.

한동안 문화라는 것에서 멀리 떨어져 있었던 나를 가장 난감하게 한 수업이 바로 음악 수업, 랩이었다.

랩에는 라임이라는 게 있다고 한다.

'할 수 있다는 것과 가르치는 것은 다른 일이다. 교사는 무엇이든 가르칠 수는 있다.'

'이런 건 그냥 도전하는 거야.'

며칠이 걸려 최신곡 랩을 하나 골랐다. 랩에는 아이들에게 들려주기 힘든 말들도 있어서 꽤나 꼼꼼히 들어보아야 했다. 아이들에게 랩을 들려주었다. 난생처음 듣는 랩을 잘도 따라 한다. 나도 모르게 감탄사가 흘러나왔다.

"와우, 진짜 잘하네. 너희 래퍼야?"

"이 정도는 껌이죠."

"그럼 우리도 랩 하나 만들어볼까?"

"좋아요."

아이들의 학습 동기 유발은 성공한 것 같다.

그 와중에 음악을 사랑하는, 랩을 좀 할 줄 아는 아이들이 있다.

벌써 라임을 살려 랩뮤직을 완성했다고 손을 번쩍 든다.

"야호, 너는 오늘 나 대신 선생님이다. 너의 랩을 보여다오."

그 녀석의 랩을 들은 아이들은 하나씩 랩을 완성해 나온다. 그리고 손짓을 해가며 마음껏 질러댄다.

랩을 멋지게 한 그 녀석에게 가사를 보여달라고 했다.

엉망이다. 받침이 엉망이다.

나는 아이들의 국어 받침이 엉망인 것에 놀라고 그 글로 라임을 살려 멋지게 불러대는 것에 놀라고 아이들의 흥에 놀랐다.

오늘은 내가 학생이다.

에피소드 7. 공개 수업은 정말 힘들어

우리 석호는 또래 친구들과 많이 다르다.

친구들과 어울리기보다는 유치원 꼬맹이들과 잘 어울려 놀기도 하고 싸우기도 한다.

정상적으로 수업을 따라가기는 역시 매우 힘들다.

가끔 알아들을 수 없는 이상한 말을 하거나 괴성을 질러서 수업을 방해하기도 한다.

우리 학교는 작은 농촌 마을이면서 총 학생 수가 모두 60명을 넘기지 못하는 작은 학교이다.

주변이 작은 산으로 둘러싸여 있고 특히 학교 내에는 독야청청한 소나무들이 학교를 둘러싸고 있다.

2층짜리 작은 건물을 산과 소나무가 둘러싸고 있고 옆으로는 작은 도로와 논밭이 펼쳐져있다.

꿈에 그려보던 작고 평화로운 학교이다.

5학년 교실에서는 여섯 명의 아이들이 함께 공부하고 있다.

나는 겨우 경력 3년 차의 새내기 남자 교사, 이 학교가 생애 첫 직장인 셈이다.

5학년 1반 아이들은 모두 여섯 명뿐이지만 모두 개성이 각각이고, 실력도 각각이다.

공통분모는 나이가 같다는 사실뿐이다.

새침데기 은서는 진지하게 수업을 하는 듯하고 말을 잘 이해하는 것처럼 보이지만 발표는 잘 하지 않는다.

은서의 생각을 알려면 은서의 수업 정리를 읽어보아야 한다.

은서의 말을 들으려면 나도 속삭이듯 물어보아야 한다.

그런데 친구들과는 제법 야무지게 말하는 것 같다.

강은이는 은서와 반대로 실감 나게 말하기를 잘한다.

가끔 과한 액션으로 생뚱맞은 행동이나 말을 하는 바람에 학습 분위기를 예상치 않은 방향으로 바꿔버린다.

강은이가 열심히(?) 수업을 하는 날은 수업의 흐름을 제자리에 돌려놓기가 힘들다.

지윤이는 매우 산만하다.

산만하다는 단어를 온몸으로 보여주는 아이이다.

스스로는 적극적으로 참여한다고 생각해서 상상을 초월하는 생각을 발표하기도 한다.

그럴 때를 제외하고는 제자리에 있는 법이 없다.

똘똘이 조민이는 그중에서도 묵묵히 자신의 역할에 최선을 다하려고 노력하는 최고의 학생이다.

당연히 모든 학습 결과물도 좋을 수밖에 없다.

학생들의 생각을 끌어올리기 위해서, 또 수업이 잘 흘러가는지 확인하기 위해서 자꾸만 조민이에게 발표를 의지하게 된다.

조민이는 교사가 질문하는 의도를 정확히 파악하고 있다. 절대 실망시키지 않는다.

멍때리기 선수 산이는 언뜻 보면 바른 자세로 수업에 참여하는 것처럼 보인다.

산이가 수업 목표에 제대로 도달하는 우수한 학생일 거라는 착각을 꽤 오랫동안 하고 있었다.

생각해서 말하기, 예시를 보고 다르게 표현해보기 등 창의성이 요구되면 정신줄을 놓아버린다는 것을 눈치채기 전까지는 말이다.

수업의 최종 목적지는 조민이에게 두고 각각의 도달점을 달리하여 아이들을 살펴보아야 한다.

조민이는 학생이지만 때로 나를 돕는 조력자가 되기도 한다.

'조민아, 네가 우리 반에 있는 건 나에게 행운이다. 넌 내게 행운의 네잎 클로버야.'

여섯 명의 무지개색을 지닌 아이들과 더 좋은 수업을 해보고 싶었다. 선배 선생님들의 도움을 받을 수 있는 수업 장학을 신청했다.

오늘의 주제는 경험을 떠올리며 시를 읽어봅시다.

'아이들이 경험을 잘 떠올려줄까?'

'이 수업을 통해 아이들이 문학을, 시를 즐거워하게 될까? 잘 할 수 있을 거야. 아자 아자 파이팅!'

나를 향한 주문도 외우고 아이들도 한껏 띄워 주면서 시 한 편을 영상에 띄웠다.

다 함께 시를 낭송하면 참 이상한 시가 된다. 오늘따라 아이들이 읽는 시가 나무토막처럼 느껴진다.

할머니 아픈 허리는 왜 밟아야 시원할까요?

아이쿠! 아이쿠! 하면서도 "꾹꾹 밟아라!" 하십니다.

그래도 나는 겁이 나 자근자근 밟습니다.

느낌으로 알 수 있었다. 아이들이 얼어있다. 그렇게 분주했던 아이들이 꼼짝을 안 한다.

수업자 여섯 명에 참관자가 여섯 명, 교실이 꽁꽁 얼었다.

혹시 했는데 역시 그러했다.

"여러분도 가족이랑 이런 경험을 한 적 있나요? 생각난 사람은 발표해 봅시다."

"……."

"조민아, 조민이가 말해 볼까?"

"저는 할머니가 없어요."

"그럼, 할머니 말고 가족을 안마해준 거 말해볼래?"

"저는 안마를 안 해봤어요."

"……."

믿었던 조민이조차 경험을 떠올리지 못했다.

"가족 때문에 생긴 재미있는 일이 있었나요?"

"네."

"할머니 안마하는 거 말고 가족이랑 했었던 일이 있으면 하나씩 말해봅시다."

"……."

어떤 질문을 해도 아이들 대답이 일정하다.

"네."

"아니요."

"……."

진땀이 송글송글, 아이들 눈치도 보이고 참관하시는 선생님 눈치도 보이고 이걸 어떻게 해야 하나.

머릿속이 하얘진다.

에피소드 8. 어? 국어 수업도 재미있네요?

국어 수업은 쉽기도 하고 어렵기도 하다.

교사들은 수업하기 가장 좋은 짜임을 가진 교과서라고 하기도 하고 창의력 생성을 방해하는 교과서라고도 한다.

현 교육과정의 국어 교과서는 많은 이야기들이 실려 있다. 아이들이 읽어야 하는 지문이 꽤 긴 편이다. 지문을 읽은 후에는 질문을 만들어 보는 활동이 자주 나온다.

문제를 만들어 본다는 것은 읽은 것에 대해 충분히 이해를 했다는 뜻이기도 하다.

문제를 만든다는 것은 내가 나만의 관점을 찾았다는 뜻도 된다.

이해가 충분하거나 작가의 관점을 이해한 학생들은 재미있는 작업이 될 수도 있다.

반대로 지문을 읽기는 읽었으나 내용 이해가 덜 된 아이들, 문해력이 낮은 아이들은 굉장히 힘든 수업이 될 수도 있다.

대다수의 아이들은 글을 차분히 읽고 스스로 문제를 만들어보는 것을 좋아하지 않는다.

영상을 보는 것에 익숙해져 있어서 생각을 하고 그 생각을 한 문장으로 정리해내는 것, 생각을 짜내야 하는 것을 매우 부담스러워한다.

교사는 하나의 지문을 다양한 방법으로 읽어보게 해야 한다. 각자 속으로 읽어보기를 한 후 친구와 돌려가며 읽기를 한다. 교사가 제시한 단어를 빨리 찾기 등을 하면서 내용에 대한 이해도를 높여본다.

"자, 이 시간에는 방금 읽은 글을 중심으로 문제를 만들어 볼 거예요."

라는 말과 동시에 여기저기서 탄식 소리가 들려온다.

"아~~~~~~~!"

"국어가 난 제일 싫어."

"맨날 문제만 만들래. 짜증 나."

아이들이 나를 향해 하기 싫다는 마음을 던진다. 그렇다고 여기에서 물러날 수는 없다.

"문제 만들기가 완성되었으면 이제 발표해볼까요?"

이건 물어보는 말이 아니다, 이제 의무적으로 발표해야 한다는 뜻이다.

이때 당당히 손을 들고 발표하고 싶어 하는 아이들이 있다.

곧 있을 선생님의 칭찬과 아이들의 부러운 눈빛을 기대할 수 있는 아이들이다.

수업을 재미있게 해보기 위해 아이들 특성을 파악하고 대안을 찾아 보았다.

※ 아이들은 가만히 앉아있는 것을 싫어한다.

가능하면 아이들을 돌아다니게 하면 좋겠다.

※ 아이들은 자신의 생각을 말하는 걸 주저하는 경향이 있다.

생각을 아주 작은 종이에 짧게 적어볼 수 있는 포스트잇을 활용해보기로 하였다.

※ 생각을 빨리 하지 못하는 아이들이 있다.

다른 친구들의 생각을 엿볼 수 있는 기회를 제공하자.

포스트잇에 질문을 적은 후 교실 곳곳에 마음껏 붙여보게 하였다. 이때 친구의 도움을 받아도 되고 친구의 질문을 빌려도 된다.

아이들이 학습지를 들고 답하고 싶은 질문을 선택하고 이에 대한 자신의 답을 작성하게 한다.

자리에 앉아만 있던 아이들이 움직이면서 수업 참여가 저조했던 학생들도 나름대로는 즐겁게 활동을 하였다.

수업의 큰 틀은 같지만 조금 방법이 변형된 것만으로도 아이들의 태도와 적극성이 달라지는 것을 보며 놀란다.

그리고 아이들이 말한다.

"선생님, 오늘 국어 수업 재밌었어요."

다음 수업엔 이 아이들을 어떻게 움직이게 할지 또 고민이 시작된다.

에피소드 9. 우리 반 써니

올해로 4년째 6학년 교사이다.

우리 학교에 계신 선생님들보다는 나이가 젊은 편이어서 그런지 6학년 담임이 적성에 맞는다.

그럼에도 불구하고 우리 교실은 동물의 왕국이다. 약육강식의 정글이다.

누가 어느 시점에서 시작했는지 모르겠다.

서로 목을 조르며 싸움을 한다.

목을 먼저 조르는 것이 이기는 길이라고 생각했는지 손을 뻗어 욕을 하면서 친구의 목을 조른다.

가끔 손톱으로 긁혀 피가 나는 싸움도 있다.

그렇다고 이 아이들이 늘 그러는 것은 아니다.

놀다 웃다 울다 괴롭히다 다시 놀고 웃고 또 싸운다.

제일 힘든 날은 이런 분쟁이 아침에 벌어지는 날이다.

그냥 그대로 돌아서서 집에 가고 싶은 날이다!

우리 반 최고의 문제아 써니이~~!

모든 문제의 중심에 늘 써니가 있다.

장미 축제로 모두의 마음이 설레는 장미의 계절 5월, 모든 아이들이 하교했다.

아이들이 모두 가고 난 텅 빈 교실의 고요함은 잠시 다른 세상으로 들어온 듯하다. 이 분위기를 즐기며 오늘 하루를 정리하고 있었다. 잠시 후 오후 돌봄을 담당하시는 방과 후 담당 선생님이 써니 손을 잡고 교실로 들어오셨다.

“선생님, 도저히 못 참겠어요. 써니는 방과 후 수업에 보내지 말아주세요.”

드럼을 가르치시는 선생님은 마음이 많이 상하신 모양이다. 화를 삭이지 못하시고 울음을 터뜨리시기 일보 직전이다. 써니는 잠시도 가만히 있지 않는다고 한다.

갑자기 뛰쳐나와 교실 문 두드리기, 교실 문 발로 차기, 벌레를 잡아와 던져 놓기, 물건 집어던지기, 친구 꼬집기, 소리 지르기 등 방법도 다양하게 방해를 한다는 것이다.

선생님이 이런 상황에도 반응하지 않으면 큰 소리를 질러 모두를 깜짝 놀라게 한다는 것이다.

모든 활동을 방해하기 위해 방과 후 교실에 오는 것 같다는 것이 선생님 생각이었다.

“너네들 우리 집에 못 오게 할 거야.”

“다 죽여버릴 거야~~.”

아무도 가고 싶어 하지 않는 아이들에게는 이런 협박을 한다.

“선생이 뭐 저래 *******, 다 사라져야 해 **.”

“에이 씨~, 우리 엄마한테 말해서 선생님 잘라버릴 거예요!”

선생님에게 욕을 하기는 예사이고 자주 학교로 찾아와 민원을 제기하는 엄마를 내세워 협박 아닌 협박도 한다.

마음이 아픈 아이라고 해서 참고 참아보았는데 이제는 도저히 이런 말과 행동을 하는 써니를 가르칠 수 없다며 가 버리셨다.

"써니야아, 이리 와서 앉아봐아."

선생님이 가신 후 얼굴을 마주하며 무릎을 맞추고 앉았다.

"써니야, 드럼 선생님이 하신 말씀이 정말이야? 정말 그런 행동을 했던 거야?"

기다렸다는 듯이 써니가 날을 세운 대답을 한다.

"~~~~~선생님이 차별하니까 그러는 거죠~~."

"~~~~~선생님이 내 말만 안 들어요."

"~~~~~선생님이 싸가지가 없어요. 선생님이 이상해요."

"~~~~~선생님을 잘라야 해요."

써니에게는 다 정당한 이유가 있었다.

"지민이가 먼저 나를 째려봤다구요오~~~."

"경우가 나는 빼고 다른 애들한테만 젤리를 주잖아요. 당연히 내가 기분이 상하니까 때려야죠."

"잘못하면 맞아야 해요."

기분이 상했으니 때려야 하고, 선생님이 차별을 했으니 골탕을 먹여야 하고, 사람들이 잘못한 것은 어떻게 해서든 고쳐야 한다고 한다.

사람에 대한 무례함과 부족한 사회성을 학교 교육을 통해 배워야 한다. 써니 어머니의 협력과 도움이 필요하다고 판단되어 상담 요청을 하였다.

써니의 오늘 일에 대한 이야기를 들은 어머니의 태도는 나를 더 당황하게 하였다.

"선생님, 왜 우리 애한테만 그러세요? 그거 애들이 우리 애 왕따시켜서 그런 거잖아요. 한두 번이 아니에요. 선생님이 이상한 거 모르세요?"

내 말 한마디에 폭포수 같은 말들이 전화기 너머에서 쏟아져 들어온다.

이런 반응은 상상도 하지 못했다.

"선생님, 그런 일이 있었나요? 제가 앞으로 어떻게 하면 좋을까요?"

이렇게 말씀해 주실 줄 알았다.

내 얼굴은 빨갛게 달아오르고 심장이 요동치기 시작했다.

"지금 학교로 갑니다. 기다리세요. 이젠 나도 더 이상 참지 않을 거야."

아이 써니의 뒤에는 어른 써니가 있었다.

오늘 하루 종일 우울했다.

무력하다.

힘들다.

'이제 어쩌지? 교실 평화? 가능해?'

사 랑 의 교 실
열심열심
배려는
서로서로
걸음은
사뿐사뿐
대화는
소곤소곤
할일은
내스스로

에피소드 10. 선택적 함구증이 있어요

새로운 학급이 편성되고 나면 새로 만난 아이들을 탐색하느라 오감이 총동원되는 분주한 시간이 된다.

적극적인 아이, 소극적인 아이, 주장이 강한 아이, 발표를 하지 않는 학생, 인재인 줄 알았는데 뻥만 있는 아이, 숨어있는 고수 같은 아이들이 한둘씩은 꼭 있다.

이번에는 특별한 금쪽이가 한 명 더 있다.

새 학기 첫 시간, 이 아이가 말하지 않는 선택적 함구증이 있음을 알게 되었다.

어색한 만남이 있는 첫 시간 서로를 탐색하고 새로운 만남을 주는 활동을 하였다.

말하지 않고 한 줄 만들기 활동이다.

절대 소리는 내지 않고 생일이 빠른 순서대로 줄 서기 활동인데 손가락으로 자기 생일이 있는 달을 표현하거나 눈빛, 몸짓 등을 활용하여 순서를 맞추어야 한다.

순서를 찾느라 이리저리 움직이는 몸 활동은 친해지기 활동으로 적절하다.

딱 한 명의 아이가 어디에도 들어가지 않고 한곳에 우두커니 서있었다. 한참을 지켜보았지만 그 아이는 그 자리에서 움직이지 않고 있다. 몸을 좌우로 보이지 않을 만큼 움찔거리는 미세한 행동을 보여준다. 늘 한 명씩 있는 활동에 소극적인 아이라 생각하고 조용히 다가가 귓속말을 했다.

"별이야, 생일이 언제인지 나한테 알려줘."

귀를 대고 기다리는데 아무 말이 없다.

표정도 없다.

다시 한번 같은 말을 속삭여봤지만 역시 아무 말도 행동도 하지 않는다.

이렇게까지 무반응은 처음이라 당황했지만 더 하면 울 것 같은 아이라 재촉하지 않았다.

눈치가 빠른 아이들이 알려주기 시작했다.

"선생님, 별이는 말을 안 해요. 원래 그래요."

"작년에도 한 번도 말을 안 했어요."

별이 생일은 5월 11일, 그러니 4월이 생일인 친구 뒤로 가면 되는 일이다.

"별이는 5월생, 4월이 어디지?"

"선생님, 저도 5월입니다."

친절한 녀석이 위치를 알려주었다.

"여기가 좋겠다. 이 자리에 별이가 들어가면 되겠네. 별이 앞이 누구지?"

'말을 하지는 않지만 너도 괜찮니'라는 말을 돌려 이렇게 중얼거려주었다.

일부러 그 친절한 아이의 이름을 알려주고 또 도와줘서 고맙다고 인사도 잊지 않았다.

계속되는 수업 활동에도 아이는 전혀 말을 하지 않았다.

아주 작은 목소리라도 들어보려고 이 방법 저 방법을 써 봤지만 아무 효과가 없었다.

귀를 아무리 가져다 대어도 입을 벌리지 않는다.

학부모님께 상담을 요청했다.

“어머니, 별이가 이제까지 교실에서 말하는 것을 들어본 적이 없어요. 집에서는 어떤지요?”

“선생님, 별이가 집에서는 말을 잘 해요. 얼마 전 학급 임원을 뽑을 때 개표위원이 되었다고 집에서 자랑을 많이 했어요.”

아무 말도 하지 않는 별이에게 말이 필요 없는 투표용지를 꺼내서 정리하는 활동을 시켜주었었다.

의도를 가지지 않았지만 말하지 않는 아이에게도 역할을 부여하면 그 아이는 그것을 기뻐하고 자랑한다는 것을 알았다.

“선생님이 아침마다 별이 이름을 불러주신다면서요. 선생님이 자기 이름을 불러주었다고 아주 좋아했어요.”

학생들의 이름을 외우기 위해 등교하는 아이들에게 얼굴을 보며 이름을 불러 인사를 하곤 한다.

등교 시간에 자신의 이름을 불러준다고 선생님을 놀라워하는 학생은 아무도 없었다.

특히 별이는 어떠한 표정 변화도 없었고, 인사하는 교사를 향해 그저 무표정으로 고개를 끄덕일 뿐이었다.

그런데 그날 별이는 어머니에게 선생님이 자신의 이름을 외웠다고 기뻐하며 자랑했다는 것이다.

이후로 티는 내지 않지만, 별이의 이름을 한 번이라도 더 불러주기 위해 머리를 쓴다.

소소한 심부름거리를 만들어 학교를 오가게 만들어도 보고 칭찬도 빡세게 한다.

"별이는 글씨를 원래부터 이렇게 잘 쓰니?"

별이의 대답을 상상해본다.

'제가 좀 잘 쓰는 편이죠.'

"별이가 그린 상상화 색감이 아주 좋구나."

'선생님, 그림 좀 볼 줄 아시네요?'

"별이가 지나간 자리는 정말 깨끗해져서 좋아."

'집에서도 못 받는 칭찬을 선생님한테 받는구나.'

"오늘도 별이가 행복했으면 좋겠다."

'선생님도 행복하세요.'

등교맞이 인사를 하며 소곤거려준다.

"별아, 내일 또 보자."

'네 선생님. 내일 만나요.'

집으로 향하는 별이의 등 뒤에 크게 소리쳐본다.

언제쯤 별이는 우리 세상을 두려워하지 않게 될까? 올해 안에 별이의 말을 듣기는 들을까? 마음에 불안함이 가득한 별이의 마음을 녹이는 마법 같은 일은 없을까? 별이를 통해 사람의 마음을 얻기 위한 공부 중이다. 이럴 땐 내가 오은영 선생님이었으면 좋겠다.

"별아, 빨리 우리 속으로 다가와주렴. 별이가 용기를 낼 수 있게 도와줄게. 선생님은 준비 끝!"

에피소드 11. 두려움이 먼저인 아이들

훈이는 아이들을 잘 때리고 괴롭혀서 친구 사이에 원성이 자자하기도 하지만 뜻밖에도 따르는 친구들도 꽤 많은 독특한 아이이다.

훈이 덕분에 교실은 혼란스러워지기도 하지만 가끔 다 같이 웃을 수 있는 거리를 제공해주기도 한다.

그런데 아쉽게도 담임인 나를 좋아하지 않는 것 같고 내가 훈이를 싫어한다고 생각한다.

곧잘 공부를 하고 이해력이 나쁘지 않으나 문제가 적혀있는 학습지를 아주 싫어한다.

학습 능력이 꽤 좋은 아이라는 생각이 든다.

교실에 갇혀있는 것을 싫어하고 노는 것을 좋아한다.

수업 시간이 끝나기 무섭게 교실을 뛰쳐나가서는 제일 늦게 교실로 돌아오곤 한다.

쉬는 시간이 되기가 무섭게 교실을 뛰쳐나갔는데 뒤이어 큰 소리로 구슬프게 우는 소리가 들렸다. 나쁜 예감은 빗나가지 않는다.

한 무리의 아이들이 모여 있었고 그 안에 우는 아이가 보였다.

"선생님, 선생님, 크, 큰일났어요."

"선생님, 훈이가 준이를 땅바닥에 넘어뜨려서 머리를 다쳤어요."

"선생님, 준이가 거꾸로 땅에 처박혔어요."

"엄청 세게 넘어졌어요."

머릿속에서 번개가 번쩍한다.

큰일이 날지도 모른다는 불안감이 엄습한다.

그 아이들이 뛰어 들어오는 방향은 벽돌이 깔린 돌바닥이다.

실내화를 신고도 마음껏 뛰어놀 수 있는 중간 놀이 마당이다.

"머리를 다쳤다고?"

"누가? 왜? 어쩌다 그랬는데?"

"훈이랑 우경이가 그랬어요. 제가 봤어요."

그리고 다 같이 자기가 본 것들을 설명한다.

듣기는 들어도 이해하기는 힘든 언어들이 춤을 춘다.

준이는 반장에게 보건실로 데리고 가달라고 부탁하고는 흥분한 아이들을 데리고 교실로 들어왔다.

숨은그림찾기 학습지를 한 장씩 나눠주고 훈이와 우경이를 데리고 보건실로 갔다.

머리를 다친 준이는 구슬프게 울고 있고 그 옆에 반장은 어쩔 줄 몰라 하는 태도로 서있다.

반장은 교실로 보내고 준이의 상태를 살펴보았다.

짧은 시간에 보건 선생님과 눈빛 교환을 했고 선생님은 괜찮다는 사인을 보내주신다.

준이, 훈이, 우경이 세 사람을 의자에 앉히고 큰 숨을 쉬었다.

"자, 지금부터 한 사람씩 어떻게 된 일인지 말해보자."

"우경이가 먼저 말해 봐."

기어들어가는 목소리기는 하지만 사건 경위를 또박또박 말하기 시작했다.

"우리가 사냥 놀이를 하고 있었어요. 준이를 돼지라고 하고 훈이에게 돼지를 짜르라고 했어요. 저는 그냥 말만 했어요."

"사냥놀이를 하는데 준이는 돼지고 훈이는 사냥꾼인 거구나. 너는 그렇게 하라고 훈이에게 시킨 거군."

"그래서 훈이는 어떻게 행동했지?"

"저는 잡으라는 말만 했는데 훈이가 준이 머리를 팔로 건 다음 발을 걸어서 넘어지게 했어요."

천천히 일어나서 우경이 머리를 잡고 발을 거는 자세를 취해보았다.

"이렇게 자세를 취한 거야? 이렇게 해서 넘어질 때는 어디부터 넘어졌니?"

우경이가 말했다.

"오른쪽 뒤편 머리를 바닥에 박았어요."

"오른쪽 뒤편 머리를 돌바닥에 박았구나. 쿵 소리는 났니?"

재차 세 아이를 쳐다보며 물었다.

"거기가 돌바닥이었지?"

"네."

"돌바닥에 사람 머리를 박으면 어떻게 될지 생각해봤니?"

우경이는 울먹이기 시작했다.

자신들이 벌인 일이 큰일이라는 걸 이해하기 시작한 것 같았다.

"훈이에게 넘어뜨리라고 한 게 아닌데, 그렇게 하는 게 아니라고 했는데 벌써 넘어뜨렸어요."

훈이가 흐느끼기 시작했다. 드디어 말썽꾸러기 훈이가 자신의 잘못을 뉘우치기 시작했다고 생각했다. 훈이의 후회 어린 말을 들을 준비를 했다. 훈이가 말하기 시작했다.

"선생님, 우리 아빠한테 말할 거예요? 그러면 안 돼요. 우리 아빠한테 맞을 거예요. 우리 아빠는 무서워요."

훈이는 아빠가 얼마나 폭력적인 사람인가를 말한다. 아빠의 폭력으로부터 자신을 보호하지 않는 엄마에 대한 미움을 토로한다.

이 사건이 부모에게 알려지면 돌아올 후폭풍이, 맞을 것에 대한 두려움이 아이를 울게 만들고 있는 것 같다.

이 사건은 다친 아이가 있으므로 조용히 넘어갈 수는 없는 일이다. 연관된 가정 모두에게 사실을 전달해야만 한다.

오늘은 아이들과 회복적 대화를 해야 한다. 다치고 아픈 친구에게 어떻게 해야 하는지 선택하게 해야 한다.

평화를 이루는 길은 참 멀고 힘들다. 오늘도 고단한 하루를 예약한다.

에피소드 12. 지옥에 사는 별똥별

이번 주 마지막 수업 시간은 7반 수업이다.

날마다 담임 선생님에게 한 바구니 스트레스를 건네준다는 그 녀석이 시간이 되어도 들어오지 않았다.

친구들은 익숙한 일이었던 듯 그 녀석이 있는 장소를 알아내고는 창문을 열고 큰 소리를 질렀다.

"별똥별, 수업 시작했어. 빨리 들어와."

친구들의 외침에 잠시 후 교실 문을 쾅 열고 당당하게 교실로 들어왔다.

엉덩이를 흔들흔들 롤리 춤을 추면서 아이들의 시선을 한 몸에 받으면서 들어온다.

'이 녀석 관종이로구나.'

친구들은 그 모습이 우스운 듯 큰 소리로 웃는다.

목소리를 낮추고 최대한 엄격한 목소리로 지시하였다.

"별똥별, 바른 자세로 다시 나갔다 들어와."

교실 문을 열고 나갔다 들어오면서 이번에는 더 망가진 몸짓으로 들어와 무릎을 꿇더니 갑자기 큰절을 한다.

"죄송합니다. 잘못했습니다."

얼굴에는 함박웃음이 가득하다.

친구들은 그 모습이 우스운 듯 또 큰 소리로 웃는다.

이럴 때 가끔 오기라는 것이 발동하기도 한다.

'별똥별, 오늘 너의 행동이 부끄러운 것이라는 걸 깨닫게 해주고 말 테다.'

다시 목소리를 낮추고 지시하기를 반복했다.

"바른 행동으로 다시 들어와!"

점점 행동은 더 거칠어지고 더 장난스러워졌다.

별똥별도 오기가 생기는 모양이다.

선생님의 오기와 별똥별의 오기가 충돌하고 있다.

좀처럼 행동을 고칠 기미가 보이지 않았다.

드디어 다시 나가면서 큰 소리로 외친다.

"학교는 지옥이야~~~~. 학교는 지옥이야~~~~. 학교는 지옥이야~~~~."

그러자 은하수가 이렇게 대꾸한다.

"학교는 천국이지…."

은하수는 지난번에도 이런 기특한 말을 했었다.

"친구가 때렸다고 자기도 때리면 똑같은 사람이 되는 거야. 그러면 안 되는 거야."

나는 은하수에게 애정을 듬뿍 담은 눈길로 바라보며 손 하트를 그려주었다.

구름이가 뒤를 이어 타이르듯 크게 말한다.

"학교는 천국이다~~~ 이렇게 생각을 해야 해. 그러면 학교도 천국이 되는 거야!"

아이들 말을 듣는 동안 마음이 뭉클해진다.

마음이 노곤노곤해진다.

"야, 너희들 대단하다. 어떻게 그런 생각을 하고 그런 말을 하는 거니? 누가 가르쳐 준 거야. 멋진 녀석들~."

별똥별이 어정쩡한 자세로 앞에 서있다.

친구들에게 사랑의 눈빛, 손 하트를 마구 날리는 나를 바라보고 있었다.

"별똥별, 자리로 들어가."

마침 별똥별의 자리는 오른쪽 가장자리이다.

가장자리를 슬쩍 피해 가운데 아이들과 눈을 마주치면서 기쁨이 가득한 말투로 아이들을 흔들어본다.

"너희들을 보면서 선생님이 생각나는 노래가 있다. 같이 불러볼까?"

아이들과 손뼉을 치며 함께 불러본다.

〈참 좋은 말〉

사랑해요. 이 한마디 참 좋은 말!
우리 식구 자고 나면 주고받는 말!
사랑해요. 이 한마디 참 좋은 말!
엄마 아빠 일터 갈 때 주고받는 말!

*이 말이 좋아서 온종일 신이 나지요^^*

*이 말이 좋아서 일 맛 나지요^^*

*이 말이 좋아서 온종일 가슴이 콩닥콩닥인데요*****

사랑해요 이 한마디 참 좋은 말!

나는 나는 이 한마디가 정말 좋아요!

사랑 사랑해요♡♡♡♡♡♡

불러도 불러도 지겹지 않고 흥겨운 노래, 노랫말.

별똥별 마음에도 이 노랫말이 쏙쏙 박히기를, 그래서 학교가 지옥이 아니기를 바라본다.

별똥별, 사랑하고 싶다.

별똥별아, 너를 사랑할 수 있게 해주면 안 되겠니?

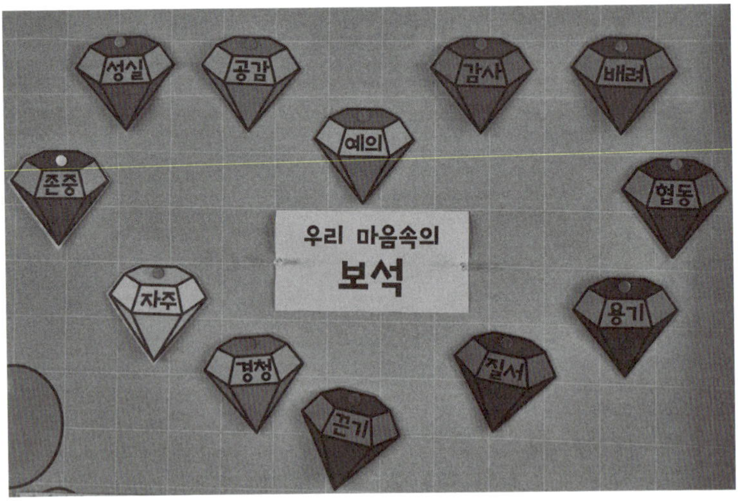

참쌤스쿨. https://chamssaem.com/945
윤보현 선생님의 PPT템플릿

에피소드 13. 유치원 선생님의 하루

유치원 어린이들은 다양한 체험 학습을 하고 있다.

봄이면 벚꽃길 걷기, 여름이면 교내에 수영장 놀이터를 개장하고 신나게 물놀이를 즐긴다.

가을에는 사과 따기, 고추 따기, 숲속 걷기, 송편 만들기를 하고는 겨울이면 김장 만들기, 떡국떡 썰기 등 다양한 체험 활동을 즐긴다.

다음 주에는 만 4~6세 유치원 큰 아이들을 데리고 딸기밭 체험을 계획하고 있었다.

일기예보를 참고로 날 맑은 수요일에 약 20명 정도가 딸기 따는 경험을 할 수 있게 되었다.

장소와 시간, 참가인원, 인솔자, 참가비용, 행사내용 등 자세한 항목을 정리해서 기안문을 상신했다.

워낙 다양한 체험이 많은 유치원 교육과정인지라 이 정도 기안문을 작성하는 것은 누워서 떡 먹기이다.

기안문을 최종 점검하고 결재 올림 버튼을 눌렀다.

오늘은 4세반 영민이가 노는 게 너무 좋아서 소변을 참아가며 놀다가 그만 실수를 했다.

아이를 안고 화장실로 달려갔지만 이미 바지는 흥건히 젖어 들고 있었다.

다 젖은 바지와 속옷을 벗기고 샤워기로 깨끗이 씻긴 후 교실에 마련해둔 속옷과 다른 바지를 입혔다.

다른 아이들은 아무것도 모른 채 각양 좋아하는 놀잇감을 가지고 신나게 놀고 있었다.

4세반 아이들은 놀이에 정신이 팔리면 소변이 방광을 뚫고 나올 때까지 참다 실례를 하기도 한다.

아직 똥을 누고 뒤처리를 잘 못하기 때문에 쉬는 시간이면 아이들을 화장실로 들여보내고 문 앞에 기다리고 있어야 한다.

"선생님, 다 쌌어요."

기다리던 나는 휴지를 둘둘 말아서 화장실로 들어간다.

유치원 화장실 문은 아이들 눈높이에 맞춰져있어서 나는 똥 눈 아이를 금방 알아본다.

얼굴이 빨갛게 힘이 들어갔지만 표정은 아주 시원해 보이는 녀석을 찾으면 되었다.

"선생님 부른 사람~~."

우렁찬 대답 소리가 들려온다.

"민준이요."

똥을 누고도 당당한 개구쟁이 민준이는 이상하게 학교에서 똥을 자주 눈다.

아이들과 함께 웃고 울다, 꾸짖고 칭찬하다, 안아주고 닦아주

다 보니 수업이 끝나간다.

사실 수업은 끝나도 유치원 아이들은 집에 돌아가지 않는다.

유치원 돌봄을 모두 함께 하고 있어서 퇴근하는 나보다 더 늦게 하원하는 아이들이 있다.

이제 아이들은 방과 후 선생님과 함께 즐거운 모래 놀이를 하려고 한다.

운동장 모래사장에 나가서 소꿉놀이 도구와 함께 모래성 쌓기, 굴 파기, 연못 만들기 등 모래를 마음껏 만지면서 상상력을 펼쳐본다.

모래를 이리저리 쌓으면서 말도 안 되는 말로 재잘거리며 재미있게 노는 아이들을 물끄러미 바라보는 아이멍은 나의 쉼이다.

다른 사람들에게 불멍, 물멍이 있다면 나는 매일 한 번씩 행복한 아이멍을 때린다.

멍때리기를 한참 하고 있는데 주머니 속 핸드폰이 울린다.

"김○○ 선생님, 수업 끝나셨습니까? 시간이 괜찮으시면 잠깐 교장실에 오십시오."

무슨 일인지 궁금해하며 교장실로 들어갔다.

반갑게 맞아주시는 교장 선생님을 보니 좋은 일이 있나 싶었다.

"선생님, 어린아이들을 돌보시느라 늘 고생이 많으십니다."

검은색 교장실 소파를 보노라면 늘 엉뚱한 생각이 떠올랐다.

'왜 교장실 소파는 모두 검은색일까? 다른 색은 사용할 수 없는 규정이 있나?'

맛있는 커피 향에 정신을 차리니 교장 선생님께서 드립으로 내린 커피 한 잔을 내 앞에 놓으셨다.

"교장 선생님, 커피가 너무 맛있어요."

"아이들을 데리고 딸기밭 체험 가신다고요?"

딸기밭 체험을 가기 위한 기안문을 읽으셨나보다.

"네, 아이들이 딸기밭에 딸기 따는 걸 참 좋아해요. 역시 아이들은 몸으로 하는 걸 즐기는 것 같아요. 벌써부터 신나하거든요."

"그런데 체험학습을 가려면 사전답사 가야 하지 않을까요?"

"네, 교장 선생님. 그곳은 우리가 매년 가는 곳이기도 하지만 가끔 신선한 딸기를 사러 가곤 하는 딸기밭입니다. 굳이 사전답사를 가지 않아도 괜찮습니다. 관내 유치원이 많이 가는 곳이라 체험 환경이 좋답니다. 딸기밭이 넓고 아주 큽니다."

구체적인 나의 설명을 들으시더니 교장 선생님이 꼭 가보고 싶다고 하셨다. 전에 계시던 교장 선생님은 한 번도 사전 답사에 참여해본 적이 없다. 교장 선생님이 체험학습을 위해 사전답사를 간다는 이야기를 들어본 적이 없었다. 교장 선생님을 위한 사전답사를 가야 하는 진기한 일이 발생했다. 커피를 내려주는 특별한 교장 선생님은 학교 운영도 남다르게 하시나보다.

유치원 선생님들에게 교장 선생님의 딸기밭 체험 사전답사 요구를 전달해드렸다.

"우리는 다 갈 필요 없을 것 같아요. 교장 선생님이랑 같이 가는 건 부담스러워요. 선생님이 같이 다녀오시면 안 될까요?"

할 수 없이 나와 교장 선생님 둘이 딸기밭 체험장으로 갔다.

교장 선생님도 학교보다 학교 밖이 더 좋으신가 보다. 딸기밭에 도착한 우리를 체험장 원장님이 반갑게 맞아주셨다.

"아이고 영광입니다. 교장 선생님이 이래 우리 딸기밭을 직접 찾아주시고요. 어서 오이소."

체험장에는 아이들이 앉을 수 있는 동그랗고 나지막한 플라스틱 의자들이 있다.

사장님과 나, 그리고 교장 선생님이 플라스틱 의자에 앉았다.

누군가 딸기를 한 바구니 따서 우리 앞에 놓아준다.

금방 딴 딸기는 빨간 윤기를 띠고 가지런히 놓여있다.

"드셔보십시오. 올해 딸기가 유난히 맛있습니다."

크게 한 입 베어 문 딸기 향이 입 안을 가득 채운다.

교장 선생님이 사장님에게 질문을 하나씩 던지기 시작하신다.

"딸기밭을 운영하신 지는 얼마나 되셨습니까?"

"딸기밭 규모가 이렇게 큰데 운영하는 데 어려움은 없으십니까?"

"딸기 재배를 할 때 가장 큰 어려움은 무엇입니까?"

교장 선생님 질문이 특이하시다.

사전 답사를 하는 이유는 거기가 안전한 장소인지, 아이들이 무엇을 보고 느끼도록 구성되어있는지, 체험코스는 어떠한지 등을 묻고 미리 경험해보는 것이다.

그런데 교장 선생님은 딸기밭 운영에 대한 여러 가지를 묻고 계신다.

'교장 선생님이 은퇴하신 후 딸기밭을 하고 싶으신 건가?'

사장님과 교장 선생님이 한동안 이야기를 나누시길래 조용히 일어났다.

딸기밭을 한 바퀴 돌면 두 분의 이야기가 끝날 것 같았다.

오랜만에 아무도 없는 딸기밭을 구석구석 살펴보았다.

줄기마다 주렁주렁 달린 딸기들, 아주 큰 딸기, 작은 딸기, 빨간 딸기, 초록 딸기, 아직 맺혀있는 꽃들~.

잘 익은 빨간 딸기를 하나 따서 입에 넣어본다.

입 안 가득 퍼지는 딸기의 식감이 기분을 끌어올리고 입 안에 남는 딸기 향에 취해도 본다.

딸기밭을 한 바퀴 돌고 왔지만 아직도 대화가 이어지고 있었다.

"교장 선생님, 이제 돌아가셔야 합니다. 답사 시간 끝났어요."

싱긋 웃으며 던지는 내 말에 다들 벌떡 일어선다.

이런 체험학습 사전 답사는 처음이라 난감하기만 하다.

가장 맛없는 식사는 상사와 먹는 식사라고 한다. 상사와 함께 하는 사전 답사도 쉬운 일은 아니다.

에피소드 14. 맘대로 되지 않아서 감사!

그렇다. 인생은 뜻대로 되지 않는다.

만약 내 뜻대로 삶이 이어졌다면 나는 이곳은 물론 대한민국에서 살지 않았을지도 모른다.

가난이 싫었던 나는 부자가 되고 싶었다. 그러기 위해 부자 남편을 만나 손에 물 안 묻히고 살아야 한다.

그러나 하루도 나의 직업을 그만둬 본 적이 없다.

아들과 딸의 차별이 심했던 90년대를 산 나는 아들만 있는 어머니로 살아야 했다. 그런데 세 딸을 낳은 딸부자 엄마가 되었다. 딸을 셋이나 낳고 보니 이 딸들을 위해 더 강한 엄마가 되어야 했다. 세상이 무섭지 않았다. 귀신도 무섭지 않았다.

가난한 집의 맏딸로 살면서 원래부터 단단했는지도 모르겠다.

딸은 살림밑천이라는 이상한 친정엄마의 이야기를 들으면서 자랐기에 집안을 돕는 일을 내 역할이라고 생각하며 살았다. 친구에게는 인싸로 살아야 하지만 남편 덕분에 살던 곳을 떠나 지방의 작은 도시로 이사를 해야 했다.

잘난 척, 멋진 척, 씩씩한 척, 아는 척하며 폼나게 살고 싶었다. 생각과 현실은 언제나 달랐다.

그런 삶을 살아내다 보니 나는 여전히 세상의 흐름을 놓치지 않고 변하는 세상을 온몸으로 받아내며 살고 있다.

속 썩이지 않는 세 딸 덕분에 마음고생하지 않고, 자기 몫을 해내는 자랑스러운 딸들의 어머니가 되어있다.

초등학교 교사로 어린아이들의 가식 없는 사랑을 받으며 사랑의 허기짐 없이 살아가고 있는 중이다.

시어머니, 친정어머니라는 큰 나무 덕분에 오롯이 나를 찾는 시간도 가져볼 수 있었다.

내 맘대로 되지 않은 인생 덕분에 두 길의 차이를 알게 되었다.

'만약 내 뜻대로 인생이 되었다면 얼마나 황폐한 빈껍데기로 살아가고 있을까.'

이렇게 내 인생이 내 맘대로가 아니라 그분의 뜻대로 이루어졌음을 깨달은 후로는 아침에 눈을 뜨면 감사기도를 드린다.

오늘도 어제처럼 아침 일찍 집을 나서서 학교로 등교를 한다.

실내화를 갈아 신고 아이들과 함께 계단을 오르고 있었다.

"선생님 안녕하세요."

"안녕, 아침은 먹었니? 일찍 왔구나."

인사를 하고 인사를 받고 올라오는 길이었다.

피구를 좋아해서 아침 일찍 피구 연습하러 오는 말괄량이 명화가 나를 보더니 한마디 던진다.

"선생님, 오늘 기분 좋으신가봐요."

"응? 왜 그런 말을 해?"

"선생님 얼굴이 행복해보여요."

명화를 쳐다보며 크게 웃었다.

"맞아. 선생님은 행복하다. 너는 어떠니?"

"저도 행복해요."

오늘도 내 삶을 지루하게 하지 않는 많은 아이들이 기다리고 있다. 오늘 만날 아이들은 모두 100명!

오늘 나는 어쩌면 100가지 행복을 가질 수도 있다. 맘에 안 드는 일이 있어서, 걸리적거리는 일이 있어서, 귀찮은 일이 생겨서, 기타 등등 일이 생겨서 행복해질 예정이다.

에피소드 15. 도둑질? 놀이?

코로나라는 전염병으로 교실에서도 아이들은 서로의 진짜 얼굴을 보지 못한다.

사회적 거리 지키기를 해야 하니 서로 손을 잡지도 못하고 가벼운 포옹도 하지 못한다.

눈만 보이니 친구가 어떤 감정인지 읽어낼 수가 없다.

마음껏 만지고 뛰고 놀았던 교실 책상 위에는 투명 칸막이가 쳐져있다.

사람과 사람이 바이러스를 옮기는 매체가 된 듯하다.

이 상황은 나에게도 아이들에게도 큰 스트레스가 되었다.

마음이 답답하기도 하고 불안하기도 하고 작은 돌발 상황에도 스멀스멀 화가 치밀어 오르기도 한다.

언제나 그렇듯 아이들은 어떤 상황에서도 놀이를 찾아내고 그 놀이에 빠져든다.

갑자기 아이들이 이상한 장난을 치기 시작했다.

물건을 말도 없이 가져가서 어딘가에 숨겨놓는 놀이이다.

물건이 없어져서 당황하는 친구들, 반 아이들을 보면서 꽤나 즐거워한다.

소리 없는 당황함과 비뚤어진 미소가 교실에 스며들고 있었다.

돌이켜보니 사실 나도 초등학교 시절 친한 친구들이랑 종종 하곤 했었던 놀이였었다.

그때도 가끔 놀이를 하다 화를 내는 친구 때문에 머쓱해지기도 하고, 화를 내지 못한 어정쩡한 상황에 울기도 했었던 것 같다.

결국 좋은 놀이는 아니었던 것 같으나 추억이 되기는 한다.

물건을 가져갔다가 친구가 찾을 때쯤이면 슬그머니 가져다 놓거나 하면서 친구가 당황해하는 모습을 보고 웃었던 기억이 난다.

그런데 처음에는 그냥 재미로 시작한 이 장난이 점점 정도가 심해져 갔나보다.

[사건 하나]

수업 시간에 써야 할 연필이 보이지 않는다.

분명 챙겨왔고 책상 위에 꺼내두었는데 그만 사라지고 만 것이다.

연필을 찾다 선생님 말씀을 못 들었다.

다음 어떤 과제를 수행해야 하는지 이해하지 못했다.

나도 모르게 엉뚱한 말을 하고 말았다.

친구들이 크게 웃는다.

나는 너무 당황스러워 얼굴이 빨개졌다.

[사건 둘]

음악 시간에 창작 수업을 하였다.

8마디를 박자와 음표를 적절히 매치해 작곡을 하는 수행 평가가 있었다.

피아노를 잘 치는 엄마의 도움을 받으며 곡을 완성했다.

이 수행평가는 최고점을 받을 수 있을 것 같다.

꽤 괜찮은 곡이 되어서 뿌듯한 마음으로 제출하려고 가져온 음악 공책이 사라졌다.

친구들에게 장난치지 말라고, 오늘 음악 공책은 중요하다고, 제발 부탁한다고 말했다.

아이들이 킬킬거리며 웃고 있다.

내 말을 들었으면서 모르는 척하는 친구들에게 화가 난다.

책상 위에 있는 책과 필기도구 등을 내동댕이치며 욕을 했다.

의자를 발로 찼다.

선생님이 보셨다.

아이들의 갈등이 나에게로 서서히 옮겨온다.

"선생님, 수민이가 내 지우개를 가져갔어요."

금방 내게 이랬던 수민이가 내가 보는 눈앞에서 아람이 가위를 들고 간다.

화가 치밀어 오른다.

순간 나도 모르게 소리를 질렀다.

"나는 친구 물건을 가져가도 되고 다른 친구는 네 거를 가져가면 안 되는 거냐?~~~~~~."

"넌 생각이라는 걸 하고 있니? 네가 한 행동은 정당하다고 생각하니?"

분노의 돌고래 사운드가 내 입에서 터져 나왔다.

교실은 찬물을 끼얹은 듯 조용해졌다.

"다른 사람 물건을 가져가거나 숨기는 행동은 장난이라고 할 수 없어. 그건 도둑질이거나 마음을 다치게 하는 폭력이야."

"장난은 다 같이 재밌어야 장난이다. 나 혼자만 재밌으면 장난이 아니라 폭력이다!"

"좋은 말도 자꾸 들으면 잔소리, 장난이 지나치면 뭐가 되는지 알아?"

반복, 반복, 오늘도 같은 말로 하루를 마친다.

"장난 OK, 폭력 NO!"

에피소드 16. Very important person(VIP)

토요일과 금요일 오후 학생들이 모두 하교하고 난 후 평화와 안식을 누리는 나만의 티타임이다.

달달한 커피 믹스 한 잔은 생각보다 큰 위로를 던져주곤 한다.

잘 마무리되었다는 안도감과 살아냄을 이룬 보상의 시간이기도 하다.

내일은 기다리고 기다리던 토요일!

달콤한 계획으로 나른한 휴식을 보내고 더 괜찮은 일주일을 꿈꾸며 월요일 아침 가벼운 걸음으로 학교로 향한다.

앞으로 벌어질 일들은 꿈도 꾸지 못한 채로 교실에 들어갔다.

'오늘은 화를 한 번도 내지 말자!'

다짐을 하며 들어가는 나를 향해 몇몇의 아이들이 들이닥쳤다.

"쌤 쌤, 우리 반 학교폭력 생겼어요."

아이들이 꽤나 흥분되어 보였다.

심장이 쿵 하는 소리가 들렸지만 애써 의연한 척 아이들을 진정시키고 둥글게 둘러앉았다.

"자, 얘들아. 한 명씩 차례차례 얘기해보자. 다른 친구가 말할 때는 듣기만 하기."

그네를 타고 싶어 한 우리 반 5학년 남자아이 두 명과 저학년 여학생 간에 폭력적인 상황이 생겼다는 이야기였다.

그네를 타고 있던 2학년 여학생들에게 욕을 하며 내리라고 협박을 하고 차례를 기다리던 아이들을 제치고 그네를 탔다고 한다. 어린 동생들이 항의를 하자 고무줄총으로 눈을 맞히고 우는 동생들을 버려두고 가버렸다는 것이다.

그 여자아이의 어머니가 아이들을 혼내주기 위해 학교에 오셨다. 2학년 담임 선생님께서 교실에 오셔서 이러한 자초지종을 설명해주셨다.

나는 아이들의 어리석은 행동에 화가 나기 시작했다.

진심 어린 사과와 자발적으로 문제를 해결하기 위한 대책을 만들어내야 한다. 나와 2학년 담임 선생님, 사고 친 남학생 두 명이 마주 보고 앉았다.

선생님이 아이들에게 질문을 시작하셨다.

"2학년 조그만 여학생을 향해 ○○○○○라고 욕을 했니?"

"네."

"꼬맹이들이 타고 있는 그네에서 애들을 밀치고 그네를 탔어?"

"네."

"그네 타는 꼬맹이들에게 고무줄총을 쏘아서 맞혔어?"

"네."

"꼬맹이들이 아프다고 우니까 그냥 간 거야?"

"네."

아이들은 그저 조용히 "네."를 반복할 뿐이었다.

"왜 그런 행동을 하려고 한 거니?"

"너의 행동은 후배나 친구들에게 어떤 영향을 주었을까?"

"잘못을 돌이킬 수는 없지만 조금이라도 회복하려면 어떻게 하는 것이 좋을까?"

"너희들의 행동에 어떻게 책임을 지는 것이 좋을까?"

선배 선생님께서 차근차근 물어보시니 자신들의 생각을 말하면서 점차 이 일이 얼마나 잘못된 것인지 인지해 나가는 것 같았다.

아이들은 여학생들 교실로 찾아가 사과하겠다고 하였다.

그리고 사과 편지와 작은 선물도 준비해서 다시 한번 진심으로 사과하고 동생들의 좋은 선배가 되어주겠다고 하였다.

평소에도 키도 크고 덩치도 있어서 약한 아이들을 만만하게 보던 아이들이라 걱정을 했건만 어린 저학년 학생들에게도 그럴 줄 몰라 더욱 실망이 되었다.

비록 아이들이지만 사람에게 실망하는 건 나에게도 상처로 남는다.

그렇게 다음 날 평소보다 일찍 학교에 와서 편지를 준비한 아이의 모습을 보니 조금은 마음이 놓였다.

편지지도 직접 사러 갔다고, 많이 반성했다고 한다.

당연한 것이지만 독서기록장을 사지 않아서 몇 주를 안내했던 것에 비하면 사태의 심각성을 인지했던 것 같다.

그렇게 다음 날 사과 편지와 마음의 선물을 전달하였다.

교실에 돌아온 녀석들에게 조신한 학교생활을 하기 위해 노력하면서 이런 일이 발생하지 않도록 더욱 노력하겠다는 다짐을 받았다.

과연 정말로 잘못을 뉘우쳤을까 걱정은 되지만,

"성수야, 민철아, 우리 좋은 사람이 되자. 약자를 괴롭히는 사람이 아니라 약한 사람을 돕는 사람이 되자. 그럴 수 있지?"

이런 일을 통해 부디, 제발 우리 아이들이 '잘못을 하면 회복하기 위해서 많은 노력이 필요하구나' 하는 조금의 교훈이라도 얻었으면 한다.

앞으로 더욱 주의를 기울여 지도해야 할 나의 very important person(VIP)들이다.

에피소드 17. 무너진 교실

"수업 한 시간이 너무 힘들어요. 수업목표라는 것이 글자로만 존재하고 있어요."

6학년 담임 선생님의 하소연이다.

우리 학교는 올해 개교를 했다. 다른 학년은 서너 반이 구성되었는데 6학년은 겨우 한 학급이 꾸려졌다. 인근 학교에서 말썽 꽤나 부리던 아이들이 졸업생임에도 불구하고 전학을 온 것이다.

'학교는 공부를 하는 곳이다'라는 원초적 개념이 실종되고 '학교는 모여서 끼리끼리 노는 곳이다'라는 새로운 개념을 가진 듯하다.

수업 시간이면 온갖 이상한 놀이들을 해서 그걸 제지하다 수업 시간이 다 간다고 한다.

학습태도와 수업력이 좋은 일부 학생은 이러한 분위기 때문에 힘들다고 선생님께 하소연이다.

대부분이 문제이면 교사 혼자서 문제를 통제하기는 힘들다.

선생님이 점점 홀쭉해지고 있다.

학교에 출근하는 것이 너무 힘들다고, 교실로 들어가는 게 이젠 무섭다고 하신다.

그런데 그 담임 선생님께서 공개수업을 하신다는 것이다.

아무리 생각해도 수업이 가능하지 않을 것 같은데 토의토론 수업을 하시겠다고 한다.

과연 어떤 수업이 펼쳐질까 호기심 반 기대 반으로 선생님들이 수업을 보기 위해 모이셨다.

화장을 진하게 한 여학생도 보이고 제법 성장한 티가 나는 남학생들도 보였다.

토의 수업을 위해 학생들의 책상은 반으로 나뉘어 서로를 살짝 마주 보는 형태로 앉아있었다.

참관 교사들은 교실 뒤에 한 줄로 서있었다.

교실 앞과 뒤에는 카메라가 한 대 돌고 있었다.

이쯤 되면 6학년 학생들은 수업 쇼를 하듯이 열심히 공부하는 모습을 연출한다. 발표도 잘하고 활동도 열심히 하면서 드라마 속에 나오는 장면을 보여주곤 했었다.

어떤 담임 선생님은 수업이 끝난 후 아이들에게 이런 말도 하시는 걸 들었다.

"애들아, 너희 너무하는 거 아니야? 평소에도 이런 모습 좀 보여주지."

그런데 수업을 시작하자마자 놀라운 광경들이 펼쳐졌다.

맨 앞 가운데 앉은 여학생이 갑자기 꾸벅꾸벅 졸기 시작했다.

눈을 감고 목을 앞뒤로 끄덕이며 심하게 조는 모습을 보여 준다. 잠자는 연기를 하고 있었다.

우리는 모두 당황했으나 담임 선생님은 전혀 당황하지 않으셨다. 그냥 그대로 보고 계셨다.

그녀는 그렇게 수업 내내 잠자는 연기를 하고 있었다.

놀람도 잠시, 다음엔 더한 장면이 하나 연출되었다.

맨 뒤에 있던, 참관 교사들 바로 앞에 있던 키 큰 여학생은 가방 속에서 꺼낸 화장품을 하나 가득 책상 위에 펼쳐놓고 거울을 들여다보면서 열심히 아이라인을 그리고 있었다.

지금은 국어 시간, 토의토론을 위해 주제에 대해 선생님이 설명하고 계셨다.

손거울로 연신 얼굴을 매만지던 다른 쪽 여학생은 할 일을 다 했나 싶더니 담요를 뒤집어쓰고 다른 학교 아이랑 통화를 한다.

통화 대상은 전학 오기 전 다니던 학교 같은 반 친구라고 한다. 현재 교실 상황을 욕을 섞어 중계하면서 투덜거리고 있다.

그렇다면 통화 대상 여학생도 지금 수업 중인데 함께 통화하고 있다는 이야기다.

뒤에 계시던 선생님이 그 여학생의 팔을 툭툭 치며 손가락을 입에 대고 조용히 하자는 몸짓을 보내셨다.

"야, 지금 통화하기 별로니까 이따 다시 할게."

기분이 많이 상했다는 말투로 어렵게 전화를 끊었다.

이제는 책상 위에 엎드렸다. 머리를 박고.

선생님은 이제 토론팀을 어떻게 구성할지 질문하고 계셨다.

아이들은 남학생 대 여학생으로 토론하자고 했다.

몇몇 남학생과 여학생들이 주제에 맞춰 주고받는 토의를 간신히 이어나가고 있었다.

아이들의 말보다 선생님의 말이 길어질 수밖에 없었다.

이런 일이 자주 있었던 듯 나머지 학생들은 선생님과 토론 수업을 이어나갔다.

남학생들이 여학생들을 말로 공격하기 시작했다. 우리 반이 공부하기 힘든 반이 된 것은 여학생들 때문이라고 했다. 거친 말이 오고 가기 일보 직전이다.

여학생들은 개의치 않는다는 듯 대꾸도 없이 하고 싶은 일을 하고 있었다.

선생님의 중재로 험악해진 수업은 정리되었다. 아이들은 자신들의 평소 모습을 여과 없이 보여주었다.

공개수업 역사에서 전무후무한 수업 공개가 이루어졌다.

모든 선생님과 담임 선생님 간의 수업 후 토론은 한숨과 격려, 걱정뿐이었다.

그 교실에는 보이지 않는 상처로 피투성이가 된 아이들이 있었다. 벗어나려고 몸부림치는 아이들도 있었다. 깊은 상처는 서로를 원망하게 만들었고 마음은 황폐해지고 있었다.

그러나 아무리 생각해도 그 아이들 모두를 아우르고 회복시킬 묘수가 떠오르지 않는다.

모두를 아우를 아이디어를 찾느라 분주하지만 그 몫은 오로지 담임 선생님의 몫이 될 것이다.

에피소드 18. 섬광처럼 찾아온 행복 하나

훌륭하다고 모두 행복하지는 않다.

행복은 계속 이어지지도 않는다.

때로 고난이 계속될 때도 있어 산다는 건 늘 녹록지 않다.

나이가 들면서 겁날 게 없어지기도 하지만 소소한 걱정거리는 더 늘어난 것 같기도 하다.

자신의 경험을 수업에 녹여내는 아이들을 보는 것은 행복하다.

아무도 시키지 않은 궂은일을 하는 아이들을 보는 것도 행복감을 올려준다.

어제는 학급에서 문제아처럼 인식되는 현이 때문에 행복해진 하루였다.

현이는 친구들과 잘 어울리지도 못하고 이해력이 높은 것도 아닌, 구석진 곳에 놓여있는 오래된 꽃병 같은 아이였다.

더군다나 자신을 방어하는 방법이 말없이 눈치를 보며 때리는 것이었기 때문에 언뜻 보면 몰래 남을 괴롭히는 듯이 보이기도 했다.

잘 살펴보지 않으면 가해자로 생각하기 쉬운 피해자였다.

친구들과의 분쟁 장면을 지켜보다 그 사실을 발견한 후로 현이에게 우호적인 시선을 보내곤 했다. 그걸 현이가 눈치챈 것 같다.

오늘은 신발 던져 넣기 놀이를 하느라 책상을 모두 밀어버렸더니 교실 바닥이 난장판이 되어있었다.

다 함께 미니 빗자루를 들고 청소를 시작했다.

시간은 단 1분, 말도 안 되지만 이렇게 말해야 아이들이 적극적으로 무언가를 한다. 시간이 많지 않다는 사실이 큰 동기 유발이 되기도 한다.

그때 현이와 준우가 바둑알 몇 개를 주웠다. 쓰레기가 아니라고 옆으로 밀쳐둔 아이들 사이로 두 아이의 행동이 눈에 띄어 지켜보고 있었다.

현이가 뚜벅뚜벅 앞으로 나오더니 바둑알을 모아두는 통을 꺼내고는 그 안에 주운 바둑알을 넣어두는 것이었다.

준우도 바둑알을 주웠는데 통에 넣기가 귀찮았는지 그냥 선생님 책상 위에 두고 갔다.

두 명이 시작점은 같았는데 마무리가 달랐다.

청소가 끝난 뒤 아이들을 모두 자리에 앉힌 뒤 말을 시작했다.

"애들아, 지금 선생님이 놀라운 장면을 보았어요. 훌륭한 생각을 마음에 담고 있는 한 친구를 보았어요. 정말 아름다운 행동을 하는 친구가 있었어요."

이럴 때 아이들이 지목하는 친구가 꼭 있기 마련이다.

역시나 학급에서 칭찬을 많이 받는 반장을 지목했다.

검지 손가락을 세우고 아니라고 손짓했다. 잠깐 으쓱 혹은 '내가?'라는 표정의 반장은 살짝 당황하는 듯이 보였다.

"선생님이 발견한 놀라운 장면은 말이야. (잠깐 숨을 쉰 뒤) 하찮은 바둑알이라도 쓰레기로 버리거나 못 본 척하지 않고 그 물건이 있어야 할 자리에 잘 가져다 놓은 친구가 있었어요."

"누구예요? 선생님."

"민철이, 민철이~~~."

"민정이죠? 민정이야." 등등.

아이들은 자신이 아는 범위 내에 있는 착한 친구들을 하나씩 말하기 시작했다.

소란함이 가라앉기를 기다리고는 천천히 말해주었다.

"아니에요. 그 훌륭한 친구는 바로 현이였어요."

아이들이 깜짝 놀란 표정을 지었고 이내 아니라는 소리가 울려 퍼졌다.

"선생님, 현이는 우리 반에서 제일 말썽 부리는 아이예요. 현이가 그럴 리가 없어요."

단정적인 놀라운 아이들의 말을 단호히 끊고 거듭 현이의 행동을 말해주었다.

믿지 못하겠다는 표정으로 고개를 갸웃거리는 아이들 사이로 미소를 참느라 입술이 들썩이는 현이 얼굴이 보인다.

섬광처럼 찾아와 행복을 준 아이 현이와 눈을 맞춰 소리 없이 웃어본다.

Part 4. 금쪽같은 가족과 선생님 이야기

에피소드 1. 보건 선생님과 매뉴얼

우리 학교는 학생 수가 1,000명이 넘는다.

아마도 우리 동네에서 가장 큰 학교일 것이다.

발령받은 첫해에 코로나19라는 정체불명의 바이러스가 세계를 강타했다.

사람이나 조직이나 모두가 첫 경험인지라 모두들 우왕좌왕하는 가운데 그 폭탄이 보건교사인 나에게 던져졌다.

갑자기 엄청난 양의 업무와 지시사항, 새로운 매뉴얼들이 시시각각 공문으로 내려온다.

전문적인 용어로 도배된 공문서는 다 읽어보기조차 힘들다.

병원을 떠나 학교라는 직장으로 이동을 하면서 아픈 환자들을 보지 않게 되어 너무 좋았었다.

삼교대로 근무하는 것이 힘들어 죽어라고 공부해서 보건교사라는 자격증을 받았다.

이제 나에게는 이쁜 아이들과 함께하는 행복한 학교생활이 기다리고 있을 줄 알았다.

그런데 환자 대신 서류 폭탄이라는 일이 기다리고 있을 줄이야.

아침에 등교하자마자 코로나 확진 아동 수를 조사해서 보고해야 한다.

여덟 시 반까지 출근하면 되지만 그럴 수가 없다.

아이들이 등교하기 전까지 준비해야 할 일이 산더미이다.

평소보다 한 시간 일찍 출근을 해야 한다.

컴퓨터를 켜고 오늘 보고해야 할 공문들을 정리한다.

담임 선생님들에게 출근과 동시에 알아야 할 목록들을 메신저로 날려 보낸다.

선생님들은 선생님대로 아이들과 교실에서 전투를 하느라 내 메시지를 깜박깜박하신다.

42개의 반에서 온 메시지를 매일 체크해야 한다.

반 재적수, 코로나 확진자 수, 결석 학생 수, 발열이 있는 학생 등 조사하라는 항목이 늘었다 줄었다를 반복한다.

어제 보낸 메시지에서 오늘은 하나를 더 추가해야 한다.

결석 학생의 사유와 확진자 학생의 가족 중 학교에 다니는 학생을 조사해야 한다.

보건실은 한 사람이 겨우 지나갈 공간만 남기고 각종 박스로 가득 찼다.

마스크와 손 소독제, 뿌리는 소독제, 물티슈 등 42개 반에 분배할 코로나19 방역 물품들이다.

'물품 배분도 해야 하는데 큰일이다.'

2학년 1반 담임 선생님께서 전화를 하셨다.

"보건 선생님, 지금 막 발열체크를 했는데 열이 38.2도 나오는데 어떻게 할까요?"

반에 있는 학생이 발열 체크를 했더니 38도에 가깝게 나와서 코로나가 의심된다는 것이다.

"선생님, 보건실로 보내주세요. 제가 확인 한 번 더 할게요."

담임 선생님과 학생이 보건실을 노크하고는 들어오셨다.

선생님은 반 아이들 때문에 교실로 돌아가셨고 나는 그 학생을 의자에 앉히고 열 체크를 하니 역시 고열이다.

매뉴얼에 따라 학부모님께 연락을 드렸다.

"안녕하세요, ○○초등학교 보건교사 ○○○입니다. 성이 어머니 맞으신지요?"

내가 누구인지를 안내하고 상대방을 확인한 뒤 말을 이어갔다.

"성이가 현재 열이 매우 심한 상태입니다. 코로나가 의심되니 보건소에 가셔서 검사를 하시고 오늘은 격리를 해야 할 것 같습니다. 내일쯤 결과가 나올 테니 음성이면 등교하셔도 됩니다. 혹시 양성이면 2주간 자가 격리를 하셔야 합니다."

놀란 성이 어머니와 통화를 마치고 성이를 임시대기실에서 기다리도록 했다.

성이 어머니께 전화를 하고 담임 선생님께도 같은 전달을 하는 사이에 전화벨이 요란하게 울린다.

"감사합니다. ○○초등학교 보건교사 ○○○입니다. 무엇을 도와드릴까요?"

"성이 아버지입니다. 우리는 둘 다 맞벌이라서 아이를 돌볼 수 없는데 다짜고짜 아이를 데려가라고 하면 어떻게 합니까? 아니 학교가 융통성이 있어야지 그렇게 일괄적으로 적용을 하면 어떻게 해요. 우리 애는 코로나가 아니라 감기일 수도 있잖아요. 일 똑바로 하세요."

느닷없는 호통이 내 귀를 때린다.

잠시 숨을 고른 뒤 자세한 안내를 해야 했다.

"성이 아버님, 부모님 상황은 이해를 하지만 저희도 매뉴얼이 있어서 이렇게 할 수밖에 없습니다. 저희도 그러고 싶지는 않으나 현재 상황이 급박하니 이해를 해 주시고 아이를 데려가 주셔야 합니다."

"아니, 선생이 그렇게 말을 못 알아들어요. 데려갈 사람이 없는데 어떻게 합니까? 그러면 선생님이 데려가시든가요~."

말이 통하지 않는다. 아니 이해하려는 생각이 없어 보인다.

"성이 아버님 사정은 잘 알겠습니다. 하지만 학교도 코로나19에 대한 대응을 하느라 그렇습니다. 확진 가능성이 있는 아이는 부모님께서 데려가셔야 합니다. 학교는 더 비상사태입니다."

"아니 우리가 방법이 없다는데 어떻게 하라는 겁니까? 열이 난다고 다 코로나는 아니잖아요?"

성이는 코로나가 아니라 그냥 감기일 거라며 계속 학교에 있도록 해달라는 아버지의 주장은 수용할 수 있는 것이 아니었다.

계속되는 언쟁에 그저 매뉴얼에 따라 조치를 할 수밖에 없다는 답변을 되풀이할 뿐이다.

"죄송합니다. 아버님, 저희도 이외의 다른 방법이 없습니다. 이해해 주십시오."

같은 말을 계속 반복하고 또 반복한다.

그럴 때마다 그분은 점점 더 화가 나는 것 같았다.

"무슨 학교가 이 모양입니까? 이래서 안심하고 학교를 보낼 수 있겠어요?"

성이와 다른 아이들의 안전을 위해 조치를 취하고 있는데 이게 무슨 말인지 모르겠다.

마음을 가라앉히며 이해에 이해를 구하는 말을 찾아야 한다.

"죄송합니다. 아버님, 아버님께서 방법을 찾으셔야 할 것 같습니다. 지금 성이는 교실에 못 들어가고 임시대기실에서 대기 중입니다. 검사를 빨리 하시고 집에 있도록 하시는 것이 좋을 것 같습니다."

아이를 못 데려가겠다는 말씨름을 하는 동안 열이 나는 성이는 임시대기실에서 마냥 기다리고 앉아있다.

"성이 아버님, 성이가 열이 높아서 몸이 많이 아프고 힘들 거예요. 지금은 해열제도 못 먹입니다. 그러니 성이를 위해서 빨리 검사하시고 집에서 쉬도록 해주십시오. 검사하고 나면 해열제도 먹을 수 있습니다."

성이가 이 상황에서 얼마나 힘든지를 자세히 설명해드렸다.

그리 긴 시간이 지나지 않아 성이 어머니가 오셨다.

어머니를 본 성이는 눈물이 터지기 일보 직전이다.

아이의 마음은 얼마나 떨리고 힘들었을까.

코로나19는 아이들이나 학부모, 그리고 선생님과 학교 모두에게 큰 상처를 주고 있다.

이런 화가 난 학부모들의 전화가 하루에도 몇 통씩 걸려온다.

교내 인터폰도 쉼 없이 울려댄다.

"보건 선생님, 아이가 37.5도인데 자기는 원래 체온이 높다고 하는데 어떻게 하지요?"

"보건 선생님, 열은 조금 있는데 자꾸 기침을 합니다. 이 아이는 어떻게 할까요?"

"선생님, 오빠가 확진인데 동생이 오늘 등교를 했어요. 집에 돌려보내야 하지요?"

보건실 전화와 컴퓨터 메시지는 계속 새 소식을 날려 온다.

그 와중에 배가 아프다고, 머리가 아프다고, 손을 베었다고, 운동장에서 넘어졌다고 어린 환자들이 꾸역꾸역 들어온다.

보건실 방문 환자가 100명이 넘었던 날, 그날은 퇴근과 동시에 죽음 같은 잠 속으로 빠져들었다.

에피소드 2. 나는 죽고 싶어요

여학생을 등에 업은 담임 선생님이 보건실로 들어오신다.

아이는 정신을 잃은 듯하고 선생님은 진땀을 흘리고 계신다.

의자에 앉혀놓았으나 몸을 잘 가누지 못하고 있다.

학부모에게 연락을 취하는 한편 아이에게 말을 시켜보았다.

"미선아 미선아, 선생님 말 들리니? 잘 알아듣겠어?"

미선이는 멍한 눈빛으로 나를 바라보고 있었다.

"죽으려고요. 죽고 싶어요. 선생님."

아이는 가냘픈 목소리로 되뇌었다.

나는 시범 수업이라는 것을 가끔 한다. 수업을 보고 싶어 하시는 선생님에게 참관의 기회를 제공해주기 위해서이다.

한 달 전에 6학년 교실에서 미선이를 만난 적이 있다.

너무 마음이 아파서 지워지지 않는 아이이다.

다양한 직업을 소개하는 진로교육 시간이었다. 재미있는 명함을 소개하면서 별난 직업과 직업의 특성을 이해하는 짧은 영상을 보여주었다.

그때 영상을 보는 아이들 중 유난히 아무 표정이 없이 앉아있는 미선이를 보았다.

MBTI 자료처럼 세밀하지는 않지만 아이들이 좋아하는 것과 싫어하는 것을 체크하면서 자신의 성향을 찾아보는 활동이 있었다.

24명의 아이들이 자신이 뭘 잘하는지, 어떤 걸 어려워하는지 생각하면서 60개의 문항을 읽어가며 하나하나 체크를 해나가고 있었다.

이해하지 못한 문장을 설명하기도 하고 아이들의 속도를 확인하기 위해 아이들 책상 사이를 돌아보고 있었다.

무표정한 그 아이의 학습지를 보았더니 아무것도 하지 않고 여전히 그 자세였다. 이름을 쓰는 칸에 박미선이라고 씌어 있었다.

"미선아, 이 문항을 읽어보고 너랑 해당이 되면 요기 네모 박스에 체크하면 돼."

'방법을 몰라서 못했나보다'라고 생각하며 간단히 설명을 하고는 다른 아이들을 살펴보러 지나갔다.

잠시 후 다시 미선이가 얼마나 했는지 보려고 다가갔더니 여전히 아무것도 하지 않았다.

의아한 마음으로 담임 선생님을 보았더니 고개를 좌우로 저으며 무언의 신호를 보내신다.

'아, 이 친구 문제가 있는 아이로구나.'

더 이상 재촉하지 않고 다음 수업을 진행하였다.

여전히 내 시선은 미선이를 향했지만 미선이는 꼿꼿이 앉아 내내 책상만 보고 있었다.

수업을 다 마치고 담임 선생님과 인터뷰를 했다.

오늘 본 수업에 대한 이야기와 반 아이들의 수업 태도 등 관찰한 것을 함께 나누며 좋은 수업을 위한 생각을 나누는 것이다.

"선생님, 미선이 이야기 좀 해주세요."

가장 궁금했던 미선이가 어떤 상태인지 물었다.

선생님이 들려주신 얘기는 충격적이었다.

또래에 비해 키가 크고 성숙해보이는 미선이는 한글을 읽지 못한다는 것이었다.

한글을 이해하지 못하니 모든 수업이 미선이에게는 넘을 수 없는 산과 같았을 것이다.

학교에 와서 공부를 한다는 것이 고통스러울 것 같았다.

미선이를 위해 무엇이 필요한지 선생님께 물었다.

'선생님, 그런데 왜 가만히 계셨어요?'

아마 이런 말을 눈으로 하고 있었던 것 같다.

선생님이 그간의 일들을 설명해 주셨다.

"선생님, 제가 미선이에게 한글 공부를 시켜주고 싶었어요. 그래서 미선이 어머니께 말씀을 드렸죠. 수업이 끝난 뒤 매일 한 시간씩 미선이와 한글 공부를 하고 싶다고요. 그랬더니 그냥 놔두래요. 때가 되면 알게 될 거라면서. 지금 학원을 다니고 있고 학원에서 한글을 가르쳐준다고 했답니다."

그렇게 6년이라는 시간을 끌어왔다고 한다.

모든 담임 선생님의 제의를 거절하고는 계속 학원을 보내고 있다고 하였다.

"미선이 어머니도 늦게 한글을 익혔대요. 그런데 자기가 사는 데 아무 문제도 없고 잘 살고 있으니 미선이도 걱정하지 말래요. 아무것도 안 하는 것도 아니고 열심히 학원을 가고 있대요. 학교에서 나머지 공부 하는 건 아이가 창피해할 테니 하지 말래요."

담임 선생님의 설득과 부탁에도 불구하고 끝내 어머니의 동의를 얻지 못해 아무것도 하지 못하고 있는 상황이라며 함께 안타까워했던 아이, 박미선이었다.

놀라서 어쩔 줄 모르는 나와 달리 보건 선생님은 침착하게 미선이를 안정시키며 침대로 뉘었다.

침대 옆에 앉아 정신을 잃지 않도록 말을 시키며 활력징후를 측정하신다.

다행히 위급한 상태는 아니었던 듯싶다.

미선이는 잠에 취한 듯 축 처져있다.

"선생님, 119에 신고해주세요."

침대에 힘없이 누워있는 아이의 상태를 지켜보았다.

보건 선생님이 미선이에게 계속 말을 시키고 있다. 정신을 놓지 않도록 해주어야 한다고 한다.

"미선아, 지금 기분은 어때?"

"미선아, 선생님 알아볼 수 있겠어?"

담임 선생님과 보건 선생님이 번갈아 가며 미선이에게 말을 시킨다.

"미선아, 무슨 일이 있었는지 말할 수 있을까?"

차분히 아무 일도 없었던 것처럼 미선이와 말을 이어나간다.

"집에 있는 정신과 약을 먹었어요. 죽고 싶은 생각이 들어 쉬는 시간에 한 주먹을 먹었어요."

아이의 말로 미루어 20알 이상을 먹은 것 같다고 하신다.

"무슨 약인지 알고 있니?"

"약은 잘 몰라요. 정신과 병원에서 처방받은 약이 있었는데 그걸 한 주먹 먹었어요."

"쉬는 시간에 먹었구나. 왜 먹고 싶었어?"

느릿느릿 미선이가 말을 하고 있다.

"갑자기 그 약을 다 먹으면 죽을 것 같았어요. 그냥 죽고 싶었어요. 죽으면 좋을 것 같았어요. 그래서 다 먹었어요."

보건 선생님은 아이의 손을 쓰다듬으며 말해주었다.

"미선아, 괜찮아. 괜찮아. 많이 힘들었구나. 이제 곧 병원으로 갈 거야. 안심해도 돼."

옆에 계신 담임 선생님께 구체적으로 어떤 약인지 약 이름을 알아봐주시라고 했다.

어떤 약을 얼마나 먹었는지는 매우 중요한 일이다.

약은 사람을 살리기도 하지만 죽음에 이르게 하기도 한다.

아이가 잠들지 않도록 계속 말을 걸며 어떤 상황인지, 어떤 마음인지 알고자 노력하는 모습이 보인다.

어머니가 도착했고 곧이어 구급차도 도착했다.

응급사는 보건 선생님으로부터 자세한 상황을 듣더니 종합병원으로 이송하겠다고 하였다.

선생님과 학부모, 아이는 함께 구급차를 타고 한 시간여 걸리는 종합병원으로 이송되었다.

퇴근 무렵 미선이 어머니께서 전화를 주셨다.

위급한 상태는 아니지만 24시간 관찰이 필요해서 입원을 하였고 결과가 나오면 알려주겠다며 우셨다.

응급 24시는 병원에만 있는 것이 아니다.

작지만 소소하고, 그래도 그냥 지나칠 수 없는 일들이 발생하는 곳이 보건실이다.

다행히 생명에는 지장이 없는 약을 복용하여 큰일은 발생하지 않았지만 무겁고 떨리는 하루였다.

오늘은 잠이 오지 않는 밤을 보낼 것 같다.

에피소드 3. 할머니 선생님

아이들이 짓는 표정만으로 행복해질 때가 있다.

아이가 웃으면 나도 웃고 아이가 화를 내면 나도 모르게 같이 화를 내기도 한다.

아이들과 마음이 공유되고 있기 때문일 것이다.

나는 초등학교 교사라서 그런지 특히 아이들을 보면 그냥 지나칠 수가 없다.

표정도 살피고 괜히 말도 걸어본다.

환하게 때로는 쑥스러움으로 웃는 그 표정이 너무 좋다.

유치원 선생님들의 표정은 우리보다 더 아이 같은 웃음을 짓는 것을 보면 무엇을 보고 사는지에 따라 표정이 바뀌나보다.

어린아이들과 평생 함께한 삶은 나쁘지 않았다.

초등학생들은 여자 선생님을 엄마와, 남자 선생님을 아빠와 동일시하기도 한다.

저학년 아이들은 "선생님"이라고 불러야 할 때 "엄마" 혹은 "할머니"라고 부르기도 한다.

"할머니"는 나의 경우에 해당될 것이다.

처음 할머니로 불린 그날은 하루 종일 기분이 이상했다.

아가씨에서 아줌마로 처음 불렸을 때의 어색함이 되살아났다.

시간이 참 많이도 흘렀다.

이런 경험이 다들 한두 번씩은 있었던 모양이다.

내 이야기를 들은 선생님이 자신의 경험도 이야기한다.

60대이지만 젊어 보이고 세련된 그 선생님이 무슨 자신감이었는지 몰라도 아이들에게 질문을 했다.

"선생님이 할머니처럼 보여요?"

아마도 선생님이 기대한 대답은 강한 부정의 답이었을 것이다.

"아니요. 선생님~."

그런데 아이들이 이렇게 대답했다고 한다.

"네, 선생님. 할머니 같아요."

남다른 패션 감각 덕분에 멋있는 선생님이라는 말을 자주 들었던 터라 더 충격을 받으셨나보다.

그 후로 다시는 아이들에게 자신의 외모에 대해 묻지 않는다고 했다.

공감력이 뛰어난 우리 아이들은 엄마와 선생님을 동일시하는 경향이 있다. 엄마가 미운 날엔 선생님에게 딴지를 걸기도 한다.

처음 당했을 땐 '저 아이가 왜 저리 밉상일까' 했었다.

그런데 그 아이의 엄마를 만나본 뒤로 아이에 대한 이해도가 높아졌다.

그 아이의 엄마는 우울증을 앓고 있었다.

남편을 비롯한 다른 사람들이 자신을 사랑하지 않아 속상하다고 한다.

선생님과 상담을 할 땐 늘 운다.

자기 아이에 대한 나쁜 말을 서슴지 않는다.

그러다 보니 아이에게 칭찬이란 걸 할 줄 모른다.

항상 잘못한 것을 찾아내 지적을 하고 야단을 친다.

잘한 건 더 잘하라고 말한다.

엄마에게 칭찬받지 못함을 알기에 패악을 부릴 때도 달래고 달랜다.

그 아이는 자신의 속상함이나 억울한 감정을 공격적인 행동으로 풀고 있다는 것을 알았기 때문이다.

"○○아, 무슨 일이 있었어? 너 속상한 일이 있구나. 선생님이랑 무슨 일이 있었는지 말해보자."

아이 눈동자에 눈물이 그렁거린다.

"오늘 선생님께 칭찬을 받아서 엄마에게 말했어요. 그랬는데 엄마는 다음에는 더 잘하래요."

엄마의 무심함이 아이에게 상처를 만들어줬다.

"우리 엄마는 내가 뭘 잘해도 절대 칭찬해주지 않아요. 그런데 동생한테는 안 그래요."

"우리 엄마가 싫어요. 진짜 싫어요."

이 아이에게 엄마는 아프다고, 마음이 많이 아파서 그런 거라고 말해주면 혹시 이해할 수 있을까?

에피소드 4. 니 부모 얼굴이 보고 싶다

제목만 봐도 보고 싶지 않은 영화가 있다.

학교라는 공동체에 속해 있는 나로서는 너무나 익숙한 주제였고 너무 자주 있는 일이어서 보지 않고도 알 것 같았다.

학교폭력과 관계있는 영화나 드라마, 혹은 뉴스는 늘 마음을 찢는 소재였기 때문이다.

아이들을 가르치는 선생님들이 늘 하는 이야기가 있다.

"사실 아이들에게는 죄가 없어요. 아이가 문제가 아니더군요. 그 아이의 문제 행동은 부모가 보여주고 가르쳐준 것일 뿐이더라구요."

학급에는 늘 문제 행동을 하는 아이들이 있기 마련이다. 이 아이들의 문제는 아무도 개입하지 않는다면 교사의 정성에 따라 얼마든지 수정이 가능한 편이다.

세상에서 가장 어려운 교육이 있다면 그건 학부모 교육일지도 모른다는 생각을 해본다.

새내기 선생님들과 함께 영화를 보았다.

여전히 대한민국 초등학교에는 이런 순수한 열정이 가득한 교사들이 있어서 정말 다행이다.

영화보다 더한 현실을 보고 있는 상황에서 선생님들은 인성교육에 더 힘을 쓰겠다고 하셨다.

아이들이 행복해지도록 안전하고 따뜻한 교실을 만들어야겠다고 하신다.

자기 아이만 소중하다는 한 아버지가 선생님의 교육 활동에 딴지를 걸며 아이의 교육을 방해하고 있다는 선생님 말씀을 들었다.

그 말을 듣고 화가 난 나는 그 아이를 포기하라고 했다. 다른 아이들에게 더 많은 에너지를 쓰는 것이 좋겠다고 했다. 그런데 1년 차 새내기 선생님은 이런 말로 나를 부끄럽게 했다.

"선생님, 저는 그 학부모가 부끄러워할 만큼 아이를 위해 더 최선을 다할 거예요."

경력이 훨씬 많은 선배 교사들이 아무 말도 할 수 없었다.

그리고 영화평을 이렇게 적어주었다.

'5점 만점에 5점인 영화. 그러나 다시는 보고 싶지 않은 영화.' 대학 동기에게 이 영화에 대한 평가를 이렇게 했습니다. 그 이유는 영화가 현실의 잔혹함을 잘 나타내고 있기 때문입니다. 가해 사실은 덮이고, 피해자와 그 가족만이 아픔을 평생 떠안고 살아야 하는 점은 분명 사라져야 하지만, 그렇지 않은 것이 현실입니다. 그렇기에 영화를 보는 내내 고통스러웠고 여운이 길게 남았습니다. 또한 지금 담당하고 있는 학급 학생들이 미래에 학교 폭력의 가해자나 피해자로 관련되는 일이 없도록 지금부터 학교 폭력 및 인성 교육을 실시해야겠다는 다짐을 굳혀준 영화입니다. 한편으로는 학교 폭력 교육이 시급한 대상은 학생이 아니라 학부모라는 생각이 들었습니다.

영화에서 교사가 한 학부모에게 '아이들보다 당신들이 더 나쁘다'라는 식의 대사를 했습니다. 이처럼 학부모가 자녀를 잘못된 길로 인도하는 경우가 많습니다. 학부모 교육이 절실하게 필요해 보입니다. 교사로서 앞으로 만날 모든 아이와 학부모에게 최선을 다하며, 모든 아이가 학교에 행복한 마음으로 다닐 수 있도록 노력하겠습니다.

3학년 담임교사 김○○

영화 제목에서 유추할 수 있듯, 부모는 자식의 거울이다. 부모의 범위를 넓혀 기성세대로 생각해보면, 기득권을 가진 기성세대들이 명백하게 잘못된 방법으로 자신의 권력을 이용하여 부조리함을 자녀 세대에 학습시키며 대물림함으로 부조리의 고리가 끊어지지 않고 있다. 한 명의 학생이 사회의 올바른 구성원으로 성장하기 위해서는 바른 가치관을 가지고 실천하는 기성세대가 요구된다. 특히 학생들이 자주 접하는 가정과 학교에서 바른 가치관을 위하여 더욱 노력해야겠다는 생각이 들었다.

보건교사 이○○

영화를 보고 내내 고통스러웠던 마음을 나누면서 마음이 많이 아팠다. 그러나 현재의 교육 환경에 절망하지 않고 더 좋은 교육을 해보겠다는 선생님들의 말에 힘을 얻었다.

오늘 같은 내일이 여전히 이어지겠지만 보다 나은 내일을 꿈꾸겠다는 선생님들, 그 여운이 오래도록 마음을 울리고 있다.

에피소드 5. 담임에게 물어보면 될 텐데

오늘 출근하는 아침 하늘에는 비구름이 가득하다.

집을 나서 시동을 켜고 매일 아침 가던 그 길을 달린다.

새싹이 파릇파릇한 창밖 풍경은 아름답고 평화롭다.

시민운동장을 지나는 구간은 오늘도 정체되고 있다.

학교 앞은 시속 40킬로로 달려야 하므로 차량들은 느릿느릿 도로를 달리고 있다.

열 체크를 하고 실내화를 신고 교실로 천천히 들어간다.

아이들은 아침부터 넘치는 에너지를 발산하며 신나게 놀고 있다.

그때 키가 제일 큰 민지가 나를 향해 뛰어온다.

"선생님, 내가 오늘 준비물을 안 가져왔어요."

"음, 그럼 엄마한테 전화해서 준비물을 가져다줄 수 있나 전화해볼래?"

민지는 핸드폰을 들고 교실 밖으로 나갔다.

아침자습 시간이 다 가도록 엄마와 통화하러 나간 민지가 교실로 들어오지 않는다.

"애들아, 민지가 안 보인다. 민지 어디 있니?"

"선생님, 민지가 화장실에 있던데요."

민지를 찾으러 화장실로 갔다.

'화장실에 이렇게 오래 있는 거지?' 생각에 잠긴 채 화장실로 갔다.

"민지야~~ 민지야~~."

세 번째 화장실 문을 열고 민지가 안에서 튀어나온다.

"민지야, 왜 화장실에 있었어? 교실에 들어오지 않고?"

"엄마가 준비물을 가져오신다고 해서 기다리고 있어요."

"그래. 금방 오신대? 준비물을 받으면 얼른 교실로 들어와라."

잠시 후 민지는 준비물을 들고 교실로 들어와서 준비된 학습 활동을 무사히 잘 끝냈다.

아이들이 모두 가버린 교실에서 책상 사이사이 쓰레기들과 아이들이 만들어 낸 먼지들을 치우기 시작했다.

교무행정사가 교무실로 와야 한다고 호출을 한다.

학부모가 화가 잔뜩 나서 민원 전화를 했다고 한다.

선생님에게 전달받은 내용은 이러했다.

"선생이 애가 준비물이 없다고 교실에 들어오지 말라고 하는 게 말이 됩니까? 교감 바꿔요."

"오늘 교감 선생님은 출장 중이십니다."

"그럼 교장 바꿔요."

"교장 선생님도 지금 연수 중이라 곤란합니다."

"학교에 교감도 없고 교장도 없고 학교 관리를 도대체 어떻게 하는 겁니까?"

혼잣말처럼 한마디를 더했다고 한다.

"그럼 교육청에 전화를 해야 하나?"

그러고는 전화를 뚝 끊어버렸다.

아버지라고 하는 어른이 전화를 하고는 고래고래 소리 지르고 욕을 해대는 걸 달래고 끊었다는 것이다.

듣지도 보지도 못한 누군가에게 하지도 않은 일로 욕을 먹었다는 것을 다른 사람에게 듣는 일은 참 속상하다.

심장이 뻐근해진다.

교실로 돌아와 마음을 진정시키고 전달받은 이의 전화번호를 누른다.

정확한 사실을 알리고 오해를 풀기 위해 끓어오르는 마음을 다 잡고 민지 아버지 휴대폰의 번호를 꾹꾹 누른다.

오해가 쌓이면 불신이 되고 불신을 풀지 않으면 교육은 이뤄지지 않는다.

상대방이 이해할 때까지 천천히 설명해야 한다.

에피소드 6. 욕받이 교감 선생님

담임 선생님의 계속된 등교 요청에도 여전히 아이는 오늘도 학교에 오지 않았다.

출근을 하자마자 아이 어머니에게 연락을 했다.

목요일에는 학교에 보내겠다는 답변을 들었다.

아이를 계속 학교에 보내지 않으면 어쩔 수 없이 경찰에 신고해야 한다는 학교의 입장을 설명드렸다.

학교는 아이가 등교하지 않으면 신고할 의무가 있어서 그럴 수밖에 없다며 여운을 남겼다.

잠시 후 교무실 전화가 울리고 5학년 4반 담임을 찾는다는 날 선 남자의 목소리가 울려 퍼진다.

교무 행정사의 표정을 보고는 교감 전화로 돌려달라고 하였다.

"○○초등학교 교감입니다. 무엇을 도와드릴까요?"

"야, 이 ×××××~~~~~ 니들이 뭔데 애를 학교로 보내라 마라 지랄이야."

"아버님, 학생을 학교에 보내시는 건 당연한 일입니다. 계속 안 보내시면 학교에서는 법에 따라 경찰서에 아동학대 의심 신고를 해야 합니다."

더욱 거친 표현과 욕설들이 쏟아져 나왔다.

"씨**아 니가 뭔데 참견이야. 당장 경찰 데리고 집으로 와봐~~~~~ 안 오면 내가 찾아간다."

온갖 욕을 다 들었다.

마음을 가다듬고 천천히 또박또박 말을 흘렸다.

"학부모님, 진정하십시오. 저는 학부모에게 욕먹을 일을 하지 않았습니다. 그러니 이만 끊겠습니다."

전화를 끊었다. 금방 두 번째 전화벨이 울린다.

교무실 모두에게 전화를 받지 말라고 말하고는 목을 가다듬고는 전화를 받았다.

"씨×××~~~~~~ 개*****~~ 죽여버릴 ******~~ 니가 뭔데 이래라 저래라야~~~ 그럼 니가 와서 애를 보든지~~~."

다시 마음을 가다듬고 같은 말을 반복했다.

"학부모님, 저는 학부모님께 씨***이라는 욕을 먹을 짓을 하지 않았습니다. 계속 이렇게 욕만 하시면 전화를 이만 끊겠습니다."

잠시 후 다시 세 번째 전화벨이 울렸다.

"계속 그러시면~~~~~."

말을 다 이어 하지도 않았는데 비굴한 말이 귀를 때렸다.

"아이고 그거이 아닙니다. 교감 선생님, 죄송합니다. 내가 배운 바가 짧아서 말이 거칠었습니다. 제가 사는 게 힘들다 보니 말이 거칠게 나왔나봅니다. 교감 선생님이 이해해주십시오. 잘못했습니다~."

그의 말을 다 듣고는 다시 한번 그의 할 일을 전해주었다.

"아버님, 저도 아버님에게 감정이 없습니다. 저희는 아이를 제대로 교육할 뿐만 아니라 보호할 의무도 있습니다. 저희가 의무를 다할 수 있도록 협조해 주시기 바랍니다. 목요일에는 아이를 보내 주십시오."

재혼 가정에서 살고 있는 이 아이는 올해 5학년이다.

어린 동생이 아파서 병간호를 하느라 학교를 보낼 수 없다는 것이다.

새아빠라는 그 남자는 아이를 학교에 보내는 것은 부모의 선택 사항이라고 알고 있는 것 같았다.

목요일에 학교를 보내기 힘드니 하루 더 동생을 간호시키고 있다가 금요일에 보내겠다고 한다.

진행된 상황을 담임 선생님께 알려드렸다.

금요일까지 아이가 등교하는지 기다려보고 다음에 어떻게 해야 할지 생각해보자고 했다.

아이가 학교에 제대로 등교하기를 기대하며 하루를 마무리 한다.

교감이 되고는 가끔 욕을 실컷 먹는다.

욕을 하는 학부모와는 내가 나서는 것이 옳다.

오늘도 아이를 등교시키지 않고 무단결석을 지시하는 학부모와 대화를 시도했다가 욕을 실컷 먹었다.

세상에는 욕을 잘하는 사람들도 참 많고 욕의 종류도 가지가지라는 것을 배운다.

때로 나도 똑같이 욕을 좀 하면 속이 시원해질 것 같기도 하다.

나이 많은 교감으로서 욕을 먹어주는 것이 담임 선생님에게도, 화가 넘치는 그 아버지에게도 더 나은 선택이라고 생각한다.

선생님이 스트레스를 너무 받아서 몸이라도 아프면 그 반 아이들은 누가 보살펴주겠는가.

이렇게 하는 것이 학교를 정상적으로 운영하는 한 방편이라 생각하니 오늘 먹은 욕 정도는 참을 수 있을 것 같다.

하도 욕을 먹어서 이젠 어느 정도 욕은 마음에 남지도 않는다.

욕을 종류별로 분류해보면 몇 종류나 나오려나….

한결 편안해진 5학년 4반 새내기 담임 선생님을 교실로 올려보내고는 책상 위를 정리한다.

내일은 아무 일도 일어나지 않는 하루이기를 기대하며 컴퓨터를 끄고 책상을 정리한다.

에피소드 7. 어머니가 분노조절장애라서

종알종알 재잘재잘, 하루 종일 내 귀에 소리를 넣어주던 아이들은 모두 집으로 돌아갔다.

에너지가 바닥난 모양이다.

오늘 써야 할 에너지를 모두 쓴 듯 기운이 없다.

아이들이 다 가고 없는 교실을 한 바퀴 돌아보니 종잇조각, 지우개 조각, 색종이 조각, 색색의 작은 구슬 등이 널려있다.

매일 청소를 해도 어디서 굴러들어 오는지 먼지 덩어리가 구석구석에 박혀있다.

책걸상은 왜 이렇게 무거운지…….

의자 다리 아래 끼어있는 먼지들을 빨아들이며 한바탕 교실 정비를 한다.

하교하기 전에 고사리 같은 손으로 미니 빗자루를 들고 청소를 하긴 했는데 이것들은 다 어디서 나온 것일까?

청소기를 한번 돌리고 나니 얼굴이 촉촉해졌다.

삐뚤빼뚤한 책상도 일렬로 줄을 좍 세우고 전체 모양을 보니 이제야 흡족한 모양새를 갖췄다.

열었던 창문도 다 닫고 공기 청정기를 틀었다.

공기 청정기가 윙 소리를 내며 돌아가는데 그 소리가 마음을 평화롭게 해준다.

백색 소음과 함께한 35년은 조용한 침묵을 불안해하는 사람으로 나를 변화시켜놓았다.

이제 교실 정비는 다 끝났으니 나를 정리해 볼 시간이다.

화장실로 가서 볼일도 보고 손도 박박 닦았다.

검은 물이 나온다.

이 물을 보면 오늘도 많은 일을 한 것 같은 뿌듯함이 몰려온다.

깨끗해진 손으로 얼굴도 닦아본다.

"자, 이제 또 시작해보자."

혼잣말을 하며 컴퓨터 화면을 들여다본다.

업무포털을 열고 나이스 화면을 띄우고 학생 생활 메뉴를 누른다.

오늘 있었던 일들을 기록하기 위해 아이들 이름을 한번 훑어본다.

이보람… 친구를 도와 보건실에 데려다주었음.

김재연… 교실 바닥에 떨어져있던 바둑알을 주워 바둑알 통에 잘 넣어 두었음. 해야 할 일을 스스로 찾아서 함.

김미정… 급식을 남기지 않고 잘 먹으며 식판 정리도 잘함.

김현주… 급식 먹으러 가는 길에 친구 발을 걸어 넘어질 뻔하였음.

남상우… 쉬는 시간에 여자 화장실에 들어가려고 하여 여자 친구들과 싸움.

민효정… 교과서를~~~~.

한참 동안 아이들 생활 모습을 누가 기록하고 있는데 책상 위의 전화벨이 울린다.

"네, ○○초등학교 교사 김○○입니다. 무엇……."

관등성명을 밝히기도 전에 총알 같은 목소리가 날아들었다.

"선생님, 우리 별이가 없어졌어요. 학원에서 안 왔다고 전화왔어요. 별이가 아직 학교에 있나요?"

"아니요. 학교에 없습니다. 하교한 지 한참 되었어요. 어머니, 수업 마치자마자 교실을 나갔어요. 지금 교실에 아무도 없습니다."

"학원에 안 왔대요. 친구 집에 전화해봤는데 다 모른다고 해요. 별이 좀 찾아주세요."

당황한 별이 어머니 목소리에 놀란 나는 급히 일어나 교무실로 갔다.

교무부장이 마침 자리에 있어서 사정을 말하고 교내 방송을 부탁했다.

"교내에 2학년 3반 김별 학생 있으면 빨리 교실로 오세요."

"교내에 2학년 3반 김별 학생 어머니가 찾고 있어요."

"교내에 2학년 3반 김별 학생을 본 사람은 별이에게 전해주세요."

"김별 학생을 본 친구는 교무실에 잠깐 와주세요."

방송이 끝나자마자 복도에서 소란한 소리가 들려온다.

검은 옷을 입은 젊은 여인이 울그락불그락한 얼굴로 와서 소리를 고래고래 지른다.

"담임선생이란 사람이 말이야, 애가 사라졌는데 그것도 모르고 뭘 하고 있다는 거예요, ****."

놀라서 뛰어나가 보니 별이 엄마였다.

화가 머리끝까지 난 여자는 소리를 지르며 별이 담임을 찾는다. 무슨 말인지 다는 알아들을 수가 없다.

나를 보자마자 더 화가 난 듯 소리를 친다.

"담임선생이란 사람이 애한테 관심은 없고 잘못한 것만 야단치니 아이가 어디로 간 거 아니에요."

"별이 어머니~."

"담임이 뭐 하는 사람이에요. 아이들 잘 챙기고 보살피는 사람 아니에요. 애가 사라졌는데 어디 간지도 모르는 게 말이 돼요~~."

"별이 어머니~ 자 진…."

"선생이 애가 잘못했을 때만 전화하고 애가 없어진 것도 모르고 멍청하게 앉아있다니 이게 무슨 경우예요~~~."

별이 엄마를 진정시키려고 자꾸만 별이 어머니를 부르고 있지만 그 다음 말은 할 틈도 없다.

교감 선생님도 나오고 교무부장 선생님도 나오고 교실에 있던 선생님들도 나온다.

얼굴이 달아오른다.

뭐라고 말을 해야 하는데 말이 목구멍에 걸려 나오지 않는다.

말을 꺼내긴 했으나 상대적으로 내 목소리가 떨리고 있었다.

별이 엄마는 고함을 치고 있고 나는 그 앞에서 어쩔 줄 몰라 하며 서있다.

그 소란의 와중에 방과 후 선생님이 별이의 손을 잡고 계단을 올라오고 있었다.

별이는 수업을 마친 후 착실하게도 방과 후 수업을 하고 있었던 것이다.

"별이야, 너 어디 갔다 왔어? 얼마나 찾았다고."

별이 엄마는 소리를 지르느라 별이를 보지도 못한다.

별이가 눈을 깜박이며 클레이 방과 수업을 하느라 자기 이름을 부르는 것도 몰랐다고 무슨 일이냐며 엄마를 쳐다본다.

별이의 설명을 들은 별이 엄마는 다시 이렇게 소리치고 있다.

"선생님이 애가 방과 후 수업 간 것도 모르고 있으면 어떡합니까?"

아이 한 명을 키우는 별이 엄마가 25명을 감당하는 선생이 그걸 모르냐며 훈계를 한다.

"아니, 어머니는 별이가 오늘 방과 후 수업이 있는 거 모르셨어요?"

"학원 선생님이 학원을 안 왔다고 하니까 그걸 생각할 겨를이 없이 놀라서 뛰어왔잖아요. ***."

"내가 얼마나 놀랐는지 알아요? 선생님이 애들 관리를 이딴 식으로 하면 됩니까?"

방과 후 수업하는 걸 모른 담임 선생님을 타박하며 여전히 도끼눈을 하고 교사를 바라본다.

바보처럼 나는 대답할 시간도 없이 쏟아놓는 말주머니에 그저 놀란 눈으로 바라볼 뿐이다.

교감 선생님이 나와 별이 엄마를 상담실로 안내해주셨다.

"어머니, 잠시 진정하고 생각해봅시다."

이제야 정신이 든 나는 오늘 일을 하나씩 되짚어 가며 별이 엄마에게 설명을 하였다.

그렇게 소리소리 지르던 별이 엄마가 가만히 듣고 있다.

잠시 후 작은 목소리로 별이 엄마가 말한다.

"선생님, 죄송해요. 제가 분노조절장애가 있어요. 그래서 화가 나면 잘 제어가 안 돼요. 별이가 학원에 안 왔다는 학원 선생님 말을 듣자마자 머릿속이 하얘지면서 아무 생각도 안 나더라구요. 그래서 무작정 학교로 뛰어왔어요. 선생님 죄송해요."

아무 말도 할 수 없었다.

욕을 실컷 먹고 창피도 한없이 당했는데 이런 말을 하는 별이 엄마에게 내가 무어라고 말을 할 수 있을까?

"별이 어머니, 다음에 또 화나고 급한 일이 있으면 교실로 들어오셔서 말해주세요. 그러면 일을 더 잘 해결할 수 있지 않겠어요?"

뛰는 심장을 가라앉히며 문제가 발생했을 때 현명하게 대처하자며 별이 엄마를 다독였다.

"분노조절장애가 있어서 가끔 저도 모르게 미친 짓을 해요. 선생님 죄송해요."

별이 엄마는 집으로 돌아갔고 나는 교실에 앉아 창밖을 하염없이 바라본다.

아이가 1학년이면 엄마도 1학년.

그렇게 이해를 하려 하지만 내 안에 화가 점차 쌓이고 있다.

오늘은 약을 먹어야 잠을 잘 수 있을 것 같다.

에피소드 8. 과유불급

우리 교장 선생님은 사람 좋은 어른이라고 소문이 난 분이다.

함께 근무하는 교직원들의 역량을 믿어주면서 많은 부분에 자율권을 부여하신다.

성품이 소탈하여 남녀노소를 가리지 않고 모든 사람과 소통을 잘 하신다.

"교장 선생님, 오늘 저녁은 제가 사고 싶은데 뭐 드시고 싶어요? 좀 비싸도 괜찮아요."

그러면 대뜸 이렇게 말씀하신다.

"짬뽕, 난 짬뽕이 좋아. 짬뽕이 맛있어."

그런 교장 선생님이 유독 싫어하는 행동이 하나 있다.

실내화를 신고 운동장에 나가서 놀다 그대로 실내화를 신고 실내로 들어오는 아이들을 이해하지 못하겠다고 하신다.

실내화와 실외화는 반드시 구분해서 신어야 한다고 주장하신다.

사실 쉬는 시간이 10분밖에 안 되는데 신발을 갈아 신고 나가 놀기에 시간이 촉박하긴 하다.

마음이 급한 아이들은 쉬는 시간이 시작되자마자 순간이동을 하는데 어떻게 신발을 바꿔 신을 마음을 가지겠는가?

어쨌든 교장 선생님은 실내화를 신고 운동장에 나가는 아이들을 싫어하신다.

때와 장소에 맞게 신을 바꿔 신는 것이 기본 중에 기본이라고 말씀하신다.

교장 선생님 의도에 따라 우리 학교는 실내화에 대한 지도가 엄격해졌다.

현관문에는 커다란 현수막이 달려있다.

'실내에서는 실내화, 실외에서는 실외화'

'때와 장소에 따라 신발을 신는 것, 우리의 기본입니다.'

한 달에 한 번 하는 아침 조회 시간에 실내화는 실내에서만 신고, 바깥에서는 실외화를 신어야 한다는 교장 선생님 훈화 말씀을 들었다.

절대 실내화를 신고 운동장을 돌아다니지 말아야 한다.

"실외화를 신고 실내로 들어오면 실내 공기와 바닥이 더러워지니 안 된다."

모든 선생님들이 신발 점검에 온 힘을 쏟고 있다.

'과유불급'

무엇이든 지나치면 탈이 나게 마련이다.

아이들은 누가 실내화를 신고 밖으로 나갔는지를 쉬는 시간이 되면 이르곤 한다.

며칠 동안 한 학생이 실내화를 신고 학교, 집, 운동장을 돌아다녔다는 것이다.

아이들의 신고에 따라 선생님이 관찰하신 모양이다.

"성준아, 저번에 교장 선생님도 신발을 장소에 따라 바꿔 신을 줄 아는 사람이 되자고 하셨고, 선생님도 바깥에 나갈 때는 꼭 신을 바꿔 신고 다니자고 했었지? 그런데 실내화를 신고 집에도 가고 운동장에도 가고 교실도 들어오면 될까? 그러면 안 되겠지!"

다른 아이들에게도 전달할 메시지를 담아 성준이에게 꾸중을 하였다.

'일벌백계'

성준이는 입이 쑥 나와서 기분 나쁜 표정을 숨기지 않고 제자리로 돌아갔다.

모두 하교한 후 한 통의 전화를 받는다.

"선생님이 우리 애만 야단치셨다면서요? 다른 아이들도 다 신고 다녔는데 왜 우리 애만 야단치시는 거죠? 야단을 치려면 다 찾아내서 같이 야단을 쳐야지 공평한 거지. 선생이 그것도 몰라요?"

아이가 집에 가서 자기만 혼났다고 억울하다고 말했나보다.

선생은 몰라도 아이들끼리는 누가 누가 실내화를 신고 돌아다녔는지 잘 알고 있을 터~.

항의 전화에 이어 문자 폭탄, 학교 방문 항의 등 다양한 형태로 민원이 이어졌다.

"선생님, 성준이처럼 규칙을 지키지 않는 다른 아이들에게도 똑같이 야단을 쳐야 하는 거 아닙니까? 선생님이 우리 아이에게

만 편견을 갖고 대하신다고 생각하는데 선생님은 어떻게 생각하십니까?"

교무실에 가서는 박○○ 선생은 아이들을 차별하고 교사 자질이 없는 선생이라고 교감 선생님께 항의했다고 한다.

그러나 진짜 문제는 그 다음부터였다.

아이는 수업 내내 선생님의 일거수일투족을 기록하기 시작했다.

우연히 아이의 기록물을 본 선생님이 이런 걸 왜 적고 있는지 물어보았다.

"우리 아빠가 다 적어 오라고 했어요."

어떤 수업 시간에 선생님과 친구들의 맘에 안 드는 대화를 학생은 기록했다.

그 기록은 선생님과 친구들을 야단치는 자료가 되었다.

"선생님, 오늘 2교시 후 쉬는 시간에 건우가 성준이한테 욕을 했다는데 알고 계십니까? 알아보시고 성준이에게 사과하라고 지도하세요."

수시로 학교를 방문하시는 성준이 아버지, 교실 폰이 울리면 선생님 심장은 덜컹거린다.

선생님은 성준이를 야단치지 못하게 되었다.

선생님과 아이들, 아이들과 아이들에게서 서로 배움을 나누던 교실은 살얼음판이 되었다.

성준이는 점점 더 거칠어지고 아이들과의 거리는 더, 더 멀어져가고 있다.

무언가를 적고 있는 성준이를 보는 건 나도 아이들도 스트레스를 받고 있다.

다른 학부모들은 성준이를 그렇게 놔두지 말라고, 자기 아이들의 일을 적어 가게 하지 말라고 전화를 해서 하소연을 한다.

성준이가 누군가 고소할 내용을 적어 가면 아버지는 다음 날 교무실에 와 소리를 친다.

과유불급한 지도와 일벌백계의 부작용!

거칠어지고 멀어진 사제지간, 예전에는 선생님 그림자도 밟으면 안 된다고 했는데 그런 말은 이제 사어가 되었다.

아이는 고쳐볼 수 있다. 그런데 어른은 참 힘들다. 어른의 시선을 고쳐야 아이의 시선이 달라진다.

그래도 그래도 이 문제를 해결할 키는 아이가 아니라 나, 선생이다.

에피소드 9. 사랑이라는 이름으로

이제 겨우 2년 차 교사인 나는 아직도 새로움이 가시지 않은 슬기로운 교사생활을 하려고 노력하는 중이다.

학생들이 하교하고 난 교실은 언제나 어지러웠다.

또 다른 내일을 준비하며 칠판에 내일 학생들이 들어오면서 보게 될 문장을 하나 쓰고 있었다.

좋은 문장 하나가 좋은 사람을 만들 수도 있다는 생각에 매일 좋은 문장 한 구절을 칠판에 적어둔다.

〈가짜 친구는 소문을 믿고 진짜 친구는 나를 믿는다.〉

교실에 들어오자마자 보게 될 그 문장이 아이들 마음에 가닿기를 바라며 꾹꾹 눌러쓰고 있었다.

그 누구든 좋은 문장을 하나 마음에 묻고, 그 문장의 힘으로 성장하면서 생기는 어려움을 극복해 나가기를 소원하는 마음이다.

나도 가슴에 묻고 사는 문장이 있다.

어떤 선생님이 말씀해주셨는지 기억은 나지 않는다.

아마도 초등학생 때일 것 같다는 생각이 든다.

왜냐하면 난 좀 조숙한 초등학생이었기 때문이다.

그 말이 언제 내 마음에 박혔는지 모르겠지만 그 이후 나는 늘 이 말을 마음에 묻어두고 있다.

이 말이 좌절에 빠졌을 때 나를 구출하기도 하고, 미래를 꿈꿀 때 행복의 밑거름이 되기도 한다.

〈말이 씨 된다.〉

이 말을 마음에 묻고 말조심뿐만 아니라 하고 싶은 일을 말로 하면 언젠가 그 말이 이루어진다는 뜻이다.

좋은 말, 긍정적인 말, 꿈꾸는 말을 하기 위해 노력하는 중이다.

그리고 때로 내가 했던 말이 이루어지는 놀라운 경험도 하곤 한다.

문장 쓰기를 거의 끝낼 무렵에 일어난 일이다.

그때 열린 뒷문으로 낯선 할머니 한 분이 들어오신다.

키가 자그마하고 제법 체격은 좋은 분이었다.

고개를 돌려서 열린 문으로 누가 들어오는지 확인하는 그 순간에 그 할머니가 대뜸 한마디를 하신다.

"아니, 어른이 들어왔는데 예의 없이 선생님이 인사도 안 하십니까?"

보자마자 인사를 하지 않아서 화가 나신 모양이다.

놀라고 당황한 마음을 누르며

"아, 죄송합니다. 할머니, 무슨 일로 오셨는지요?"

할머니가 교사를 찾아오는 일은 드문 일이어서 무슨 일로 오신

분일까 생각하며 여쭈었다.

"나는 지은이 할머니입니다. 선생님이 애들을 어떻게 가르쳐야 하는지 잘 모르시는 것 같아서 가르쳐주려고 왔어요."

지은이는 우리 반에서 가장 허약한 아이였다.

밥도 잘 안 먹고, 잘 놀지도 않고, 늘 여기저기가 아프기도 해서 결석도 자주 한다.

"지은이 할머니, 안녕하세요. 지은이 담임입니다."

비로소 인사를 나누고 의자를 하나 내어드렸다.

자리를 잡으신 할머니는 나를 위아래로 한 번 훑어보신다.

할머니는 선생님을 며느리 가르치듯 예의 없음을 지적하며 학생을 지도하는 방법에 대해 훈수를 두셨다.

"우리 애는 선이와 짝을 지어주면 안 돼요. 그 아이보다는 현정이와 짝을 해주어야 해요. 현정이는 지은이랑 친하고 지은이랑 잘 놀아요."

"우리 애는 밥 먹는 걸 싫어해요. 급식을 억지로 먹으라고 하지 마세요. 내가 집에서 잘 챙겨 먹일 테니 먹는 대로 놔두세요."

아마도 오늘 짝을 바꾸었는데 지은이가 할머니에게 투덜거린 모양이다.

선생님이 자꾸 밥을 더 먹으라고 한다고 투덜거린 모양이다.

지은이는 말이 별로 없이 고갯짓으로 마음을 표현하곤 했는데 할머니에게는 소소한 이야기들을 많이 했나보다.

"우리 애가 숙제를 못 했다고 야단치지 마세요, 우리 지은이는 몸이 약해 공부에 크게 마음 두지 않고 있어요."

"경민이가 어디 앉았어요? 경민이가 우리 애를 괴롭혀요. 선생님이 좀 알고 조치를 취해주세요."

"경민이 엄마도 경민이랑 똑같아요. 경민이가 친구들을 조종하는 것 같아요. 경민이가 우리 애 흉을 봤다고 그러더라구요."

"내가 우리 애랑 친하게 지내라고 경민이랑 민지랑 하은이를 데리고 와서 맛있는 것도 사 먹이고 옷도 사주고 했는데 경민이 엄마가 지은이랑 놀지 말라고 했대요. 이상한 엄마예요."

"선생님, 애들 관찰 좀 잘하세요. 선생님이 안 볼 때 애들이 얼마나 못되게 하는지 아세요?"

지은이 할머니는 나도 모르는 우리 반 아이들 이야기를 정말 많이 알고 계셨다.

어떤 아이가 착한지, 어떤 아이가 못되게 하는지, 누구 엄마가 어떤 말을 했는지 등 하나하나 말씀해주셨다.

할머니의 이야기를 다 듣고 났더니 한 시간이 훌쩍 넘었다.

그러더니 갑자기 자신의 이야기를 하신다.

"외동딸을 지극정성으로 키웠는데 내가 반대하는 남자랑 결혼을 해서는 잘 살지 못해 결국 딸을 이혼시켰어요. 내 딸은 애도 잘 못 키워서 내가 전적으로 키우고 있어요. 나도 얼마나 힘든지 몰라요. 선생님, 우리 지은이 잘 봐주세요."

외동딸을 번듯하게 잘 키우고 싶었으나 뜻대로 안 되었고 손녀딸만은 제대로 키우고 싶다고 하셨다.

할머니는 모든 걸 본인이 하셔야 직성이 풀리시는 분인가보다.

사랑이란 이름으로 사람의 인생을 통제하면 안 된다. 사람은 각자의 인생을 만들어갈 자유가 있다. 할머니의 딸은 할머니의 인생이 아니다.

지은이도 할머니의 소유가 아니다. 지은이는 할머니로부터 독립해 스스로 공부도 하고 친구도 만들어야 한다.

할머니 딸은 행복하게 지내고 있기는 할까?

지은이는 지금 잘 살아내고 있는 중일까?

할머니의 이 사랑을 그냥 이대로 두어도 될까?

지은이와 깊은 이야기를 해보아야겠다.

지은이의 독립적인 생활을, 할머니의 손녀가 아닌 지은이라는 사람으로 살아내기 위한 솔루션이 필요하다.

에피소드 10. 고자질은 나쁜 짓이죠?

내일은 어버이날이다.

어버이 은혜를 생각하며 카네이션을 만들기 위해 색색의 색종이와 편지지를 준비했다.

카네이션을 종이로 접어야 하는데 이게 쉽지 않다.

교실 앞 TV 화면에 카네이션 접는 내 손을 크게 띄운다.

아주 천천히 카네이션을 접기 시작했다.

"선생님, 잘 못 봤어요. 다시 해주세요."

아이들 성화에 전 단계로 돌아가 다시 시작한다.

되돌아가서 다시 접기를 수차례 하며 간신히 모두들 카네이션 접기를 끝냈다.

다음엔 좀 더 쉬운 종이접기 방법을 찾아야겠다.

자, 이젠 편지 쓰기를 해야 한다.

부모님이나 선생님께 편지를 쓰라고 하면 아이들은 늘 비슷한 멘트를 적어놓곤 한다.

'엄마 아빠 사랑해요. 공부를 열심히 안 해서 죄송해요. 말을 안 들어서 죄송해요. 앞으로 잘할게요.' 등.

사랑하는 마음을 고스란히 말로 표현하는 건 힘들다.

다양한 문장을 칠판에 적어보았다.

저를 바르게 키워 주셔서 감사합니다.
아플 때 보살펴주셔서 감사합니다.
맛있는 간식을 해주셔서 감사합니다.
물놀이할 때 재미있었어요.
생일파티해주셔서 감사합니다.
부모님을 기쁘시게 하는 사람이 될게요. 등등

수업 마지막 시간까지 카네이션을 만들고 편지를 쓰느라 우리 모두 매우 분주하게 움직이고 있다.

그때 어디선가 스마트폰 벨 소리가 울렸다.

나는 여러 아이들에 둘러싸여 마지막 아이까지 카네이션과 편지를 확인하고 보내느라고 벨이 울리는 줄도 몰랐다.

"선생님, 핸드폰이 울려요."

"선생님 영우 핸드폰이 울려요."

"영우 거예요. 영우 거."

스마트폰을 꺼놓아야 하는 학급 규칙을 어긴 영우 이름을 여기저기서 불러댔다.

등교를 하면 휴대폰을 끄고 보관함에 넣어두는 것이 우리 반 규칙이었다.

그런데 영우 폰이 영우 가방 속에서 울린 것이다.

아이들이 정성껏 만든 카네이션과 편지지가 가방 안에 잘 들어 있는지 하나하나 확인했다.

책상 위와 책상 속 정리를 끝내고 선생님에게 인사도 잘 하고 아이들은 발걸음도 가볍게 교실 문을 나섰다.

카네이션과 편지를 받아 든 부모님이 기뻐하는 모습을 상상하는 중이었을지도 모른다.

잠시 후 빨간 셔츠를 입고 선글라스를 쓴 낯선 남자가 교실 안으로 쓱 들어왔다.

몸에 착 달라붙는 빨간 티셔츠에 호랑이 그림이 그려진 옷을 입고 목에는 굵은 금목걸이가 걸려있었다.

민망한 옷차림에 나는 도무지 어디에 눈을 두어야 할지 모른 채 빨간 셔츠의 남자를 맞이했다.

"어떻게 오셨습니까?"

"저는 영우 아버지인데요. 방금 휴대폰이 울렸다고 고자질한 놈이 누구인지 알려주십쇼."

영문을 알 수 없는 말을 하고 있다.

"무슨 말씀인지 자세히 말씀해보시지요."

그 남자는 갑자기 목소리 톤이 올라가기 시작한다.

"내가 하교 시간에 우리 영우가 나오지 않아서 전화를 했더니 옆에 친구가 벨이 울린다고 고자질을 했다면서 아빠 때문에 선생님에게 휴대폰을 뺏길지도 모른다며 울고불고 난리를 쳐서 지금 그 고자질한 녀석 혼내주러 왔어요."

"네? 저는 영우 휴대폰이 울렸다고 야단친 적이 없는데요. 무슨 말씀이신지 모르겠네요."

어디선가 휴대폰이 울리는 것 같았으나 워낙 카네이션 만들기에 정신이 없어서 그냥 넘어간 이야기를 하는 것이었다.

이럴 때 도둑이 제 발 저린다는 표현을 쓰면 될지 모르겠다.

"선생님, 고자질은 나쁜 짓이잖아요. 영우 핸드폰이 울렸다고 고자질한 녀석 버릇 좀 고치게 누군지 알려주세요."

"아버님, 제가 영우를 야단쳤나요? 그리고 영우가 학급 규칙을 어긴 것은 확실하지요?"

"그건 그렇지요."

"벨이 울렸다고 야단을 치지도 않았고, 친구는 벨이 울려서 울렸다고 했는데 잘못인가요?"

잠시 머뭇거리던 영우 아버지는 목을 가다듬더니 이렇게 말하기 시작했다.

"고자질은 나쁜 짓이잖아요. 나쁜 짓을 고쳐야지요. 그 녀석 혼내주러 내일 다시 오겠습니다. 꼭 그 녀석을 찾아주십시오."

도무지 생각을 바꾸려고 하지 않는다.

아버지는 계속 고자질한 녀석 이름을 대라고 성화를 부린다.

"아버님, 학교 규칙 지키기와 고자질은 제가 교육하겠습니다. 아버님은 학교에 안 오셔도 됩니다."

"그럼 저는 안 올 테니 꼭 고자질 교육을 해주십시오."

규칙을 지키지 않은 아들은 괜찮은데 고자질한 친구는 반드시

교육을 해야 한다고요?

규칙을 지키지도 않고 아버지에게 화를 내며 스마트폰을 내던진 아들을 위해 고자질한 녀석을 찾아 응징하겠다고요?

무엇이 잘못이고, 어떤 일을 하면 안 되는지가 중요한 것이 아니라고요?

우리 아들을 화나게 한 어떤 이가 나쁜 것이라고요?

세상의 중심은 내 아들이고, 그 외 모든 정의의 기준이 내 아들의 마음이란 말인가요?

니 부모 얼굴이 보고 싶다!

에필로그

후각과 아이들

오늘로 코로나 자가 격리 5일째이다.

목에 뭔가 걸린 듯한 이물감을 시작으로 몸살이 난 것처럼 욱신거리더니 이튿날엔 열이 심해졌다. 무기력함으로 아무것도 하지 못하고 널부러졌다.

PCR검사 결과 코로나 확진자가 되었다.

목 아픔, 코 막힘, 기침과 가래, 고열, 근육통이 심해지더니 목소리가 사라졌다. 소리를 낼 수가 없다.

3일 만에 되찾은 목소리, 늘 듣던 내 목소리가 다시 들려온다는 것이 이렇게 신기하고 반가울 수가 없다.

목소리에 집중하느라 느끼지 못했던 사실 하나, 며칠 동안 냄새 없는 세상에 살고 있었다는 것이다.

냄새가 사라졌다.

청국장 찌개에 코를 박고 냄새를 맡아본다. 아무 냄새가 없다.

버터 향이 진한 백종원표 토스트를 만들면서 연신 냄새를 맡아 본다. 그렇게 고소한 맛을 풍기던 버터 향이 전혀 나지 않는다.

나는 신비한 냄새 없는 세상에 살게 되었다.

며칠 전 갑자기 가동시킨 에어컨에서 곰팡이 냄새가 심하게 나서 중지했었던 생각이 났다.

에어컨을 틀어보았다. 곰팡이 냄새가 귀신같이 사라졌다.

목소리가 사라지더니 이젠 후각이 사라졌다.

냄새가 사라진 것은 위험한 일이었다.

단순히 청국장 냄새를 못 맡는 것이 아니라 가스레인지의 가스 냄새를 못 맡으면? 냄비 속 고구마가 타는 냄새를 못 맡는다면?

냄새를 맡는 것이 결국은 생명을 지키게도 하는 일이란 걸 알았다.

사람은 잃어보아야 소중함을 알 수 있나보다.

냄새를 맡지 못하는 것은 삶의 즐거움이 하나 사라졌다는 것을 의미했다.

후각의 상실은 곧 미각의 상실로 이어졌다.

뭘 먹어도 맛있는 게 없으니 그냥 먹는다.

약을 먹기 위한 몸부림으로.

유난히 냄새를 잘 맡아서 개코라는 별명을 달고 있는 나, 냄새 없는 세상이 이리 심심할 줄이야.

대식좌에 가까웠던 나는 소식좌들이 너무너무 부러웠었다.

한 입만 먹고 배부르다는 사람들의 말을 도무지 이해할 수도 없었다.

음식을 어떻게 한 입만 먹을 수 있을까?

그런데 냄새를 잃어버리고 나니 그럴 수 있겠단 생각이 든다.

후각과 미각이 없으니 세상에 맛있는 것이 없어졌다.

신맛도 짠맛도 단맛도 잘 모르겠다.

고소한 콩국수를 먹어보아도 미원 맛, 샌드위치를 먹어도 미원 맛, 커피도 미원 맛!

'내가 이런 걸 먹고 있었어?'

이런 맛이라면 얼마든지 한 입만 먹을 수 있을 것 같다.

소식좌들이 음식을 삼키지 않는 이유를 알 것 같았다. 음식이 입 속에서 뱅뱅 돌고 있다.

후각을 잃으면 되는 것이었다.

그와 동시에 삶의 즐거움을 잃어버리는 셈.

음식을 맛있어서 먹는 것이 축복이었다. 내 목소리가 늘 같은 소리로 내 귀에 들린다는 것도 축복이었다.

세상과 단절된 일주일을 보내며 참 많은 것들이 감사한 일상이라는 걸 깨달았다.

어제와 같은 오늘이 내게 주어진 것, 그것이 축복이다.

아이들과 함께 울고 웃을 수 있는 삶, 그건 행복이었다.

아이들과 겪었던 수많은 일들을 정리해보면서 생각한다.

나를 완성시키고 있는 것은 사랑도 아픔도 아쉬움도 안타까

움도 느끼게 해 준 교실의 아이들이었다.

살아난 후각에 감사하며 살듯이 언제나 내 앞에 서있는 이 아이들에게 고마워하면서 살고 싶다.

"얘들아, 너희가 내 삶이었어!"

"나를 많이 사랑해줘서 고맙다."

체로키 인디언 할아버지 만나기

체로키 인디언에 의해 구전된 늑대 이야기는 현대인들이 자주 인용하는 구절이다.

사람 마음속에는 두 마리의 늑대가 살고 있어서 어떤 늑대를 선택하느냐에 따라 다른 사람이 된다고 이야기한다.

이야기 형태로 교육을 하고 있었던 것이다.

마치 우리나라 할머니들이 들려주는 옛날이야기로 권선징악을 가르치던 내용과 비슷하다는 생각이 든다.

옛날부터 사람들은 자신들의 지혜가 후손에게도 이어지기를 간절히 원했던 것 같다.

늑대 이야기도 할아버지에게서 손자에게로 지혜를 전달하는 이야기이다.

할아버지와 손자는 무엇을 하고 있었을까?

갑자기 그들의 삶은 어떠했을지 궁금해진다.

어쨌든 할아버지와 손자의 사이는 소통이 잘 되는 관계였었던 것 같아 보인다. 할아버지와 손자의 이야기를 상상해본다.

무심한 듯 할아버지가 말을 꺼내신다.

"아가야, 우리 마음속에는 항상 두 마리의 늑대가 살고 있단다. 그 두 마리는 항상 싸우고 있지."

손자가 대답한다.

"그렇게 싸움을 자주 하면 둘 중에 하나는 결국 죽을 수도 있겠네요. 그런데 할아버지, 결국에는 어느 늑대가 이기나요?"

우리도 그렇듯 체로키 인디언들도 '싸우지 말라, 싸움은 나쁜 것이야'라고 배웠을지도 모른다.

"어떤 늑대가 이길 것 같은가. 우리 손자는?"

할아버지가 다시 손자에게 질문을 던진다.

손자는 곰곰이 생각하고는 이렇게 대답했다.

"힘센 늑대가 이기겠지요? 그런데 어떤 늑대가 힘이 센 늑대인지 알 수 있어요?"

"당연히 알 수 있지. 사람마다 어떤 늑대가 마음에 있는지도 알 수 있단다."

손자는 내 늑대는 어떤 늑대일지 짐작도 할 수 없어 할아버지를 물끄러미 바라본다.

"가르쳐주세요. 할아버지, 어떤 늑대가 이기나요?"

할아버지는 알 수 없는 표정으로 손자를 바라본다.

"네가 먹이를 주는 늑대란다. 선한 먹이를 주면 선한 늑대가, 악한 먹이를 주면 악한 늑대가 이긴단다."

"선한 늑대는 희망, 사랑, 평화, 감사, 기쁨, 친절함, 겸손, 긍정, 너그러움, 신뢰를 가진 늑대이고, 악한 늑대는 화, 원망, 걱정, 두려움, 분노, 질투, 후회, 욕심을 채운 늑대란다."

손자는 이상하다는 듯 할아버지를 바라보며 말을 이어간다.

"할아버지, 악한 늑대에게 먹이를 주는 사람도 있어요? 다 선한 늑대를 좋아하겠지요. 저는 꼭 선한 늑대에게 먹이를 줄 거예요."

할아버지는 손자의 머리를 쓰다듬으며 먼 하늘을 향하고 있다.

할아버지는 기도했을 것이다. 우리 손자가 선한 늑대에게 먹이를 주는 선한 사람으로 자라가기를…….

점점 더 자극적이고 점점 포악해져가는 사람들의 뉴스를 들을 때마다 체로키 원주민의 늑대 이야기가 떠오르곤 한다.

재산에 대한 욕심으로 가족을 총으로 죽이고 자해하는 이야기.

새아버지와 친엄마가 자신의 친딸을 죽음으로 내몬 이야기.

무인점포에 들어가서 물건들을 싹쓸이해가는 중학생들 이야기.

외국인 엄마를 둔 가난한 친구를 학대하고 괴롭히는 이야기.

이런 말도 안 될 것 같은 수많은 참혹한 뉴스들을 접할 때마다 학교 현장에서 교육이라는 걸 하고 있는 나는 나에게 묻곤 한다.

'나는 여태까지 무엇을 하며 살아오고 있었나?'

'오늘 너는 아이들에게 선한 먹이를 주는 사람이 되도록 잘 안내했는가?'

'내가 혹시 아이들에게 악한 먹이를 주는 상황을 만들어주지는

않았는가?'

'경쟁하고 이기는 법을 가르치고 있지는 않은지?'

'소수의 사람들이 다수를 위해 희생하는 것이 옳은 일인지?'

누가 말해주었는지는 기억나지 않지만 나에게 이런 말을 해주었다.

"아이가 사랑스럽지 않아 보일 때 그 아이는 진짜 사랑이 필요할 때입니다."

그 말을 들으면 떠오르는 아이들 얼굴이 있다.

너무 사랑스럽지 않아서, 아이가 어떻게 그런 생각과 행동을 할까 이해되지 않아서 미워했던 아이들!

어떻게 할 수 없어 내버려두었던 그 아이들이 사실은 사랑이 필요한 아이였던 걸까?

내 안을 가만히 들여다보았다.

오래도록 가만히 서서 지나온 삶을 읽어보았다.

나는 화, 원망, 걱정, 두려움, 분노, 질투, 후회, 욕심이 가득한 사람이다.

그래서 사랑하려고 노력해야 하고 너그러워지려고 노력해야 하고 믿음을 가지려고 노력해야 한다.

아무것도 하지 않으면, 애써 선하려고 노력하지 않으면 악한 늑대는 무럭무럭 잘 자란다.

손자를 물끄러미 바라보시던 할아버지는 무슨 생각을 하셨을까? 선한 늑대를 키우는 것이 얼마나 힘든 일인지 더 이야기해주시고 싶으셨을까? 아니면 선한 아이가 되라고 기도를 하셨을까?

할아버지의 마음이 궁금하다.

손자는 늑대 이야기를 해주시는 할아버지의 마음을 이해했을까? 그리고 어떤 다짐을 했을까?

그리고 우리 아이들은 어떤 늑대를 키우고 있는 중일까?

참고 문헌

회복적 생활교육 학급운영 가이드북, 정진, 피스빌딩, 2016

그림책으로 펼치는 회복적 생활교육, 황진희, 교육과실천, 2022

그림책으로 펼치는 회복적 생활교육, 황진희, 교육과실천, 2021

42가지 마음의 색깔, 크리스티나 누녜스 페레이라, 라파엘 R. 발카르셀 공저/남진희 역, 레드스톤, 2015

사촌이 땅을 사면 배가 아픈 철학적 이유, 피터 케이브, 어크로스, 2014

아이도 교사도 행복한 회복적 생활교육, 경상북도교육청연수원, 2022

오늘부터 시작하는 회복적 생활교육, 네이선 메이너드, 브레드 와인스타인, 우리학교, 2020

평화로운 학교를 위한 회복적 생활교육 매뉴얼, 경기도교육청, 2014

회복적 생활교육 어떻게 실천할 것인가, 마거릿 소스본, 페타 블러드 공저, 에듀니티, 2017

회복적 생활교육으로 여는 행복한 교실, 경상북도교육청연수원, 2022

회복적 서클 현장 이야기, 비폭력 평화물결 & 서울 통합형 회복적생활교육 연구회 편, 대장간, 2019

| 지은이 소개 |

김혜정:

선생님이란 꿈을 접어 본 적이 없습니다.

초등학교 담임 교사로 27년을 살았습니다.

교사들의 멘토, 수석교사로 9년째 진행 중입니다.

학부모교육지원단으로 다문화교육지원단으로 컨설턴트로 활약 중입니다.

회복과 치유가 일어나는 학교문화를 꽃피우고 싶습니다.

별난 아이들과 함께하는 회복

2022년 12월 5일 1판 1쇄 인쇄
2022년 12월 10일 1판 1쇄 발행

지은이: 김 혜 정
펴낸이: 한 정 주
펴낸곳: 교육과학사

경기도 파주시 광인사길 71
전화: (031) 955-6956~8　팩스: (031) 955-6037
Home-page: www.kyoyookbook.co.kr / E-mail: kyoyook@chol.com
등록: 1970년 5월 18일 제2-73호

정가 15,000원

ISBN 978-89-254-1737-0

Printed in Korea.